A Expansão da História

Dados Internacionais de Catalogação na Publicação (CIP)
(Câmara Brasileira do Livro, SP, Brasil)

Barros, José D'Assunção
  A expansão da História / José D'Assunção Barros. – Petrópolis, RJ : Vozes, 2013.

  Bibliografia
  ISBN 978-85-326-4534-0

  1. História – Metodologia 2. História – Teoria 3. História e geografia 4. Historiografia I. Título.

13-01677   CDD-900

Índices para catálogo sistemático:
1. História : Aspectos teórico, metodológico, historiográfico   900

José D'Assunção Barros

A Expansão
da História

EDITORA
VOZES

Petrópolis

© 2013, Editora Vozes Ltda.
Rua Frei Luís, 100
25689-900 Petrópolis, RJ
Internet: http://www.vozes.com.br
Brasil

Todos os direitos reservados. Nenhuma parte desta obra poderá ser reproduzida ou transmitida por qualquer forma e/ou quaisquer meios (eletrônico ou mecânico, incluindo fotocópia e gravação) ou arquivada em qualquer sistema ou banco de dados sem permissão escrita da editora.

Diretor editorial
Frei Antônio Moser

Editores
Aline dos Santos Carneiro
José Maria da Silva
Lídio Peretti
Marilac Loraine Oleniki

Secretário executivo
João Batista Kreuch

Editoração: Fernando Sergio Olivetti da Rocha
Projeto gráfico: Victor Mauricio Bello
Capa: Felipe Souza | Aspectos
Imagem da capa: Detalhe da primeira prancha de um total de 4 que compõem uma visão panorâmica do Rio de Janeiro no século XIX, de F. Briggs, 1837 – Coleção Particular.

ISBN 978-85-326-4534-0

Editado conforme o novo acordo ortográfico.

Este livro foi composto e impresso pela Editora Vozes Ltda.

Sumário

Apresentação, 7

1 A expansão da História, 13
2 A Escrita da História a partir de seis aforismos, 39
3 Fontes históricas: olhares sobre um caminho percorrido, 83
4 Espaço e História, 135
5 O lugar da História Local, 165
6 Acordes teóricos, 189

Referências, 223

Índice, 237

Apresentação

O presente livro reúne seis conferências, proferidas quase todas entre os anos 2009 e 2012. O tema comum a todas é a História – mais especificamente nos seus aspectos teórico, metodológico, historiográfico. Todas elas em conjunto, e cada uma delas em particular, são atravessadas por uma indagação, por uma inquietação diante das transformações que se deram no âmbito dos saberes históricos nos últimos séculos. Como a História – compreendida como campo de saber que examina os diversos processos históricos – transformou-se e renovou-se nestes últimos tempos, incorporando novos temas, novas possibilidades de fontes, novas abordagens e novos potenciais de expressão como um gênero literário que, cada vez mais, atrai um grande número de leitores? Em uma palavra, como se deu a "Expansão da História" no período contemporâneo? Compreender a História como um campo em expansão – proposta geral desta coletânea e desenvolvida em um aspecto particular por cada uma de suas conferências – é perceber que este campo de saber foi se sofisticando, tornando-se mais complexo, apropriando-se de um número cada vez maior de temáticas e de fontes históricas disponíveis aos historiadores. De igual maneira, compreender a História como um campo de saber em expansão é adentrar na multiplicação de seus modos de expressão, de seus diálogos interdisciplinares, de suas maneiras de interação com os leitores de História, os quais são agentes tão importantes neste processo de expansão da História como os próprios historiadores que desenvolvem suas pesquisas e escrevem livros de História.

Além da questão historiográfica que apresentam em comum, como tema central de sua reflexão, as conferências também são unificadas pelo seu público de destinação. Foram proferidas para plateias de estudantes universitários de História ou de Ciências Humanas, de modo mais geral. Por isso, um liame que as une é a tonalidade mais didática de sua linguagem. Por fim, as conferências também apresentam, implicitamente, a trajetória percorrida nestes últimos anos por um autor que, em boa parte de suas realizações, tem se dedicado ao estudo, ensino e pesquisa da Teoria da História, da metodologia historiográfica e da Historiografia. A primeira conferência retoma, em novas bases, o tema de seu primeiro livro – *O campo da História* (2004), também publicado por esta editora; e a última conferência expõe a proposta desenvolvida pelo autor em uma de suas últimas obras publicadas, até o momento, pela Editora Vozes: o quarto volume da coleção Teoria da História, intitulado *Acordes historiográficos* (2011).

"A Expansão da História" é o título do volume e da primeira conferência, a qual busca esclarecer como a História foi se tornando cada vez mais complexa como campo de saber a partir dos séculos XIX e XX, gerando a necessidade de um enriquecimento interno a partir de uma multiplicação de modalidades historiográficas mais específicas – tais como a História Política, a História Cultural, a História Econômica, a Micro-história e inúmeras outras –, ao mesmo tempo em que essa mesma História intensificava seus diálogos interdisciplinares com a Antropologia, a Geografia, a Linguística, a Psicologia, a Sociologia e outras ciências. Desta forma, a expansão da História nos tempos contemporâneos mostra-nos um saber que se alicerçou em dois movimentos: o reconhecimento crescente de uma complexidade interna e a intensificação do diálogo da História com as demais disciplinas e campos de saber.

"A Escrita da História", segunda conferência, busca mostrar como os historiadores precisam lidar criativamente com os diversos processos de escrita – de elaboração textual e também de incorporação de outras linguagens – para concluir adequadamente cada trabalho historiográfico que se inicia com a pesquisa científica e com uma reflexão sistematizada acerca dos processos históricos que esta pesquisa lhes revela. Os historiadores são também escritores. É o alerta para este aspecto, por vezes tão esquecido em alguns currículos de graduação que se propõem a formar os historiadores profissionais, o que embasou esta conferência que também busca sugerir novas possibilidades para a futura Escrita da História, incluindo as dimensões visual, material e virtual.

"Fontes Históricas – olhares sobre um caminho percorrido" – este é o título da terceira conferência, que também se dedica a discorrer sobre outro aspecto importante da expansão da História. Trata-se de examinar como, no decorrer da própria história da Historiografia contemporânea, os historiadores foram gradualmente se apropriando de um universo cada vez mais amplo de possibilidades documentais, de tipos diferentes de fontes históricas, textuais ou não textuais. Essa "expansão documental" é abordada, na primeira parte da conferência, de forma panorâmica, de modo a expor didaticamente tanto a gradual expansão de possibilidades de fontes históricas que foi conquistada pelos historiadores no decurso dos séculos XIX e XX, como também a própria diversidade de tipos de fontes históricas com as quais podem contar, nos dias de hoje, os historiadores do século XXI. Na segunda parte da conferência o autor exemplifica esta grande diversificação de novas possibilidades com esclarecimentos sobre o trabalho dos historiadores recentes com um tipo mais específico de fontes: aquelas que permitem a percepção das diversas vozes sociais nos seus registros textuais, e que, por isso, podem ser compreendidas como "fontes polifônicas". Sugestões para o tratamento desta categoria de fontes que são referidas como "fontes dialógicas" são encaminhadas através da retomada da abordagem de micro-historiadores como Carlo Ginzburg e outros.

"Espaço e História", a quarta conferência, procura discorrer sobre a relação fundamental entre o trabalho historiográfico e a consciência do espaço. O autor procura mostrar que não é só a "consciência do tempo" que define a especificidade do trabalho historiográfico, mas também a "consciência do espaço". Daí a necessidade de um diálogo interdisciplinar que deve ser intensificado continuamente entre a História e a Geografia. A conferência é uma oportunidade para discutir conceitos como o de "espaço", "território", "paisagem", "fronteiras", e também para abordar a notável contribuição de historiadores como Fernand Braudel e Pierre Goubert, entre outros. Encerra-se a conferência com uma discussão sobre o próprio processo de territorialização do saber que é produzido pelo historiador ao se apropriar de certos temas e fontes históricas, de constituí-los em bases para o seu estudo. O Espaço, neste sentido, também se mostra não apenas uma instância histórica, mas historiográfica.

"O lugar da História Local", conferência proferida em um encontro sobre História Local, busca esclarecer definições importantes relacionadas a esta e outras modalidades historiográficas. Qual a diferença entre "História Local", "História Regional" e "Micro-história"? Como se situam as modalidades da História Local e da História Regional no atual quadro dos campos historiográficos?

Por fim, "Acordes teóricos", sexta e última conferência desta coletânea, busca sintetizar uma proposta recente do autor para uma nova compreensão das identidades teóricas de autores relacionados aos diversos campos de saber, inclusive a Historiografia. Parte-se da ideia de que a Música poderia oferecer, à História e outras ciências, uma forma específica de imaginação, a qual poderia ajudar a renovar as possibilidades dos historiadores e outros intelectuais pensarem a complexidade de suas realizações.

Com esta conferência encerra-se a presente coletânea, dedicada a uma exposição das mais recentes inquietações não apenas do autor, mas também comuns aos historiadores e outros intelectuais que trabalham com a consciência histórica nos campos da Educação, Antropologia, Sociologia, Geografia, Psicologia, Filosofia e outros saberes.

1

A EXPANSÃO DA HISTÓRIA*

O tema que escolhi para esta conferência refere-se à diversidade de campos históricos na Historiografia contemporânea – uma diversidade que, desde inícios do século XX e até os dias de hoje, pode ainda ser vista sob a perspectiva de uma "expansão historiográfica". Pretendo refletir sobre a diversificação interna da Historiografia atual, e propor, ao final, também algumas projeções para o futuro, já em nível de uma imaginação historiográfica que avalia o presente como fonte de indícios para o que pode estar por vir em termos de novas possibilidades. Neste sentido, também será oportuno refletir sobre como a expansão historiográfica e a sua multidiversificação interna têm aberto igualmente novas possibilidades de expressão que enriqueceram a Escrita da História, seja nos seus aspectos textuais, seja em direção a alternativas não textuais que hoje são consideradas pelos historiadores como possibilidades atuais ou futuras[1].

---

* Conferência para o I Colóquio Internacional de História, em Campina Grande. Posteriormente, o texto da conferência foi publicado na *Revista do Mestrado de História*, da Universidade Severino Sombra (USS). Vol. 11, n. 12, 2008, p. 194-220.

1. Este tema é abordado em maior detalhe na última sessão da segunda conferência.

A História é um universo em expansão

Para parodiar uma imagem da Astrofísica, pode-se dizer que "a História é um universo em expansão". Não porque as suas galáxias internas afastam-se umas das outras em seu movimento de expansão, tal como ocorre com o universo físico, mas porque a História tem gradualmente conquistado tanto espaços externos – com a renovada prática da interdisciplinaridade e a incorporação de novos interesses de estudo – como também promovido uma reconfiguração dos seus espaços internos, diversificando-se também por dentro. É sobre esta questão de fundo que gostaria de discorrer na presente oportunidade.

O século XIX havia sido chamado por muitos de "século da História", em vista do fato de que trouxera a História para primeiro plano ao desempenhar um importante papel na reestruturação das nações europeias e americanas, incluindo a constituição de arquivos imprescindíveis para a construção das identidades nacionais, e em função do seu papel fundamental para a compreensão das revoluções e movimentos de independência que estavam começando a impactar o Ocidente[2]. O século XX, por outro lado, iria trazer para a prática historiográfica novas revoluções, estas agora direcionadas para uma reconfiguração do próprio campo do saber histórico, de seus métodos, aportes teóricos, temas de estudo. São bem conhecidas as contribuições fundamentais da Escola dos *Annales* e dos novos marxismos na primeira metade do século XX, e novas contribuições não cessariam de surgir nas

---

2. A sentença de que o século XIX foi "o Século da História" já aparece desde 1820, nas *Lettres sur le Histoire de France*, com o historiador francês Auguste Thierry (1795-1856).

últimas décadas deste mesmo século, fazendo da História um campo de estudos em permanente e rápida transformação.

A intenção de refletir panoramicamente sobre a rica diversidade e sobre a crescente complexidade da historiografia contemporânea, particularmente atentando para os novos encaminhamentos concretizados nas últimas décadas, leva-me a principiar esta reflexão com uma ênfase naqueles que me parecem ser os dois fatos mais salientes da história da historiografia contemporânea: a "multidiversificação de modalidades internas ao saber histórico" e a "permanente e acelerada reconfiguração do Campo da História ao longo do século XX" – ambos os aspectos assinalados pelo surgimento e devir de campos historiográficos diferenciados como a História Cultural, História Política, História Econômica, Micro-história, História das Mentalidades, História Conceitual, e inúmeros outros. Estes constituem, segundo creio, dois aspectos que fazem contrastar fortemente o modelo predominante de História no século XIX e aquela História que começa a se afirmar a partir do século XX até chegar aos nossos dias, impulsionada pelo mesmo movimento de expansão. Embora o conhecimento histórico seja importante para estas duas eras historiográficas, é mais especificamente na historiografia contemporânea – a partir daqui definida como aquela que se inicia com o século XX – que a História passa a ser vista, inclusive pelos próprios historiadores que a praticam, como um campo disciplinar que pode ser subdividido em inúmeras modalidades e que se encontra em contínua e acelerada transformação. Em duas palavras, "aceleração" e "complexidade" parecem ser os signos de nosso tempo, e consequentemente de nossa historiografia. Para entender este fenômeno será útil, em um primeiro momento, compreender o contexto e as forças que presidem esta diversificação interna – sincrônica e diacrônica – da História.

A permanente reconfiguração da História

Sobre a aceleração na velocidade de transformação da Historiografia teremos oportunidade de falar mais adiante. Desde já, parece evidente que a uma história que se acelerou com a vida contemporânea – com as revoluções tecnológicas, com as mudanças ambientais e com as reconfigurações políticas em mais curto intervalo de tempo – deve necessariamente corresponder uma Historiografia que se reconfigura a todo instante. O homem contemporâneo é singular em relação ao homem de outras épocas. Se no passado uma grande "Era" continha várias gerações humanas, já que a transformação histórica era de alguma maneira menos acelerada e cada período possível de ser identificado pelos historiadores abarcava centenas ou muitas dezenas de anos, nos dias de hoje pode-se dizer que ocorre precisamente o contrário: uma única geração humana ou um único homem nascido em nosso tempo pode tornar-se testemunha da passagem de várias épocas, por assim dizer.

Um ser humano de oitenta anos, na atualidade, já viveu seguramente em mundos bem diferenciados – isto no sentido, por exemplo, de que toda a vida e materialidade que nos envolve na década atual, contra o pano de fundo de sua configuração política ambiental e tecnológica, é radicalmente diferente da que tínhamos nos anos de 1980, nos anos de 1960, no pós-guerra, ou no período que contextualiza as Grandes Guerras. Desta maneira, a este homem contemporâneo que viveu em muitos mundos corresponde um historiador contemporâneo que presenciou, como ser humano, grandes e radicais transformações no decurso de sua própria vida – um historiador que se acostumou à mudança mais acelerada e que, concomitantemente, produz uma historiografia em permanente reconfiguração.

Vivemos em um mundo que, além de se mostrar mais acelerado à maior parte daqueles que o habitam, é também um mundo que se torna cada vez mais complexo. Desta maneira, além da "aceleração", a "complexidade" é outro dos signos do nosso tempo. Para um mundo que se impõe ao homem como mais complexo, torna-se igualmente mais adequado um conhecimento mais complexo, e, em particular, uma historiografia mais complexa. Uma das respostas a esta complexidade, no universo de trabalho dos historiadores, foi a multiplicação de espaços internos à própria História – a sua subdivisão imaginária em História Econômica, História Política, História Cultural, História Conceitual, História Ambiental, ou quantas outras histórias se queira considerar – e, sobretudo, a formação de conexões múltiplas entre estas modalidades.

Essa individuação de novos espaços internos corresponde à imagem, acima proposta, de que "a História é um universo em expansão". E é também no mundo contemporâneo, com o surgimento ou afirmação desta nova modalidade que é a História da Historiografia, que o historiador começa a tomar consciência de que trabalha com um universo em expansão. Não é por acaso que a reflexão sobre as diversas modalidades de estudo em que se divide a História é também uma singularidade do período que se iniciou com o século passado. Documentam essa singularidade as várias coletâneas sobre a diversidade de modalidades historiográficas que surgiram e têm surgido na Europa e nas Américas, incluindo o Brasil.

Será oportuno observar, desde já, que a diversificação em modalidades internas ou especialidades não foi apanágio da História, mas sim um fenômeno que, de alguma maneira, afeta cada um dos diversos campos do saber ao longo do seu moderno desenvolvimento no Ocidente. Também as demais ciências sociais e humanas, as ciências da natureza e as ciências exatas conheceram o fenômeno do surgimento de campos internos bem-definidos. A Física assistiu ao surgimento de modalidades como a Mecânica, Termodinâmica, Ótica, Física Nuclear; a Medicina se subdividiu em inúmeras especialidades como a Pediatria, Gerontologia, Ginecologia, Cirurgia, Pneumologia, e tantas outras; e por aí poderia seguir uma sucessão de exemplos. Uma característica do desenvolvimento do conhecimento na Modernidade, portanto, é precisamente esta multidiversificação em um grande número de subcampos disciplinares e de modalidades internas a cada campo de estudos ou de práticas científicas.

Sustentarei a ideia de que as três grandes forças que presidem a esse fenômeno na história do conhecimento, e em particular na reconfiguração da Historiografia na contemporaneidade, são a "tendência à especialização", a chamada "crise do paradigma único", e as aberturas oferecidas pela "interdisciplinaridade". Vejamos cada um destes fatores em separado, embora eles se combinem, estabeleçam confrontos e interajam entre si todo o tempo.

O fenômeno da hiperespecialização

O primeiro fator que contribuiu para incrementar a multiplicação de campos e subcampos de saber foi certamente o fenômeno da "especialização". Ao antigo modelo do homem de letras ou do filósofo que, à época do Iluminismo, frequentava vários campos de saber com igual desenvoltura, a contemporaneidade parece ter oposto não apenas a figura do intelectual especializado em um único campo da atuação, como também a figura do especialista em uma modalidade específica dentro de cada campo de saber, ou mesmo em uma temática única. A figura do especialista – por oposição às figuras do generalista ou à do pensador polivalente – parece ter se afirmado com especial vigor ao receber um significativo estímulo das instituições e do mercado cultural no mundo contemporâneo. Será oportuno refletir, neste momento, sobre as vantagens e desvantagens da especialização para a vida humana, e para a História em particular.

Não conheço crítica mais contundente e mais poética à especialização e ao isolamento disciplinar do que uma célebre passagem do filósofo Friedrich Nietzsche, em seu livro *Assim falou Zaratustra*[3]. Nesta passagem, Zaratustra estava caminhando por certa região que tinha fama de possuir, entre seus habitantes, alguns grandes homens e gênios, notabilizados por sua inteligência e capacidade. Subitamente esbarrou em alguma coisa e quase tropeçou Ao voltar-se para ver o objeto no qual tinha tropeçado viu-se obrigado a exclamar, perplexo: "Mas [...] isso aí é uma orelha". De fato, parecia ter diante de si uma gigantesca orelha, e estava de tal modo aturdido que um dos seus acompanhantes lhe disse que, na verdade, não se tra-

---

3. NIETZSCHE, F.W. *Assim falou Zaratustra*. São Paulo: Rideel, 2005. Discuti essa passagem no livro *O campo da História*. 5. ed. Petrópolis: Vozes, 2008.

tava de uma orelha, mas sim de um grande homem – de um gênio! Zaratustra então percebeu que havia um pequenino caule preso a orelha; ao firmar melhor a vista, compreendeu que de fato ali estava um pequenino homem grudado à orelha, fitando-o com um olhar arrogante. Entendeu, então, que o que o povo chamava de grandes homens eram na verdade uma espécie bizarra de "aleijões ao avesso" – homens que sabiam muito de uma única coisa, e nada de todas as outras.

Nietzsche está chamando atenção, neste trecho de *Assim falou Zaratustra*, para um dos grandes perigos da hiperespecialização: o ser humano que se torna ele mesmo um fragmento, isolado no seu pequeno saber e desconhecedor da vida como um todo, incapaz de produzir um conhecimento mais completo e complexo. Por outro lado, se o risco de empobrecimento de perspectivas – do ponto de vista do profissional que o produz – acompanha bem de perto os processos de hiperespecialização que se dão no interior de cada campo de conhecimento, não há como negar que este mesmo processo de especialização do conhecimento trouxe vantagens para o desenvolvimento da ciência moderna: afirma-se aqui a possibilidade de aprofundar uma determinada perspectiva, de explorá-la ao máximo e produzir assim um conhecimento preciso e multidiversificado na sua totalidade, isto é, no somatório ou na combinação de todos os trabalhos produzidos.

A pergunta que se coloca, nos dias de hoje, refere-se justamente à possibilidade de incorporar as diversas especializações em uma perspectiva mais rica, que não fragmente ou desumanize o sujeito que produz individualmente o conhecimento. Para evocar o exemplo da Medicina, poderíamos nos perguntar se o médico especializado deve excluir necessariamente a possibilidade do clínico geral, se não há objetos de estudo e práticas médicas que se constituem precisamente na fronteira entre duas ou mais modalidades médicas, e se, ademais, não há áreas de atuação da Medicina que devem ser constituídas em interface com outros campos de saber. Guardemos esta indagação para aplicá-la à História, mais adiante.

A multiplicação dos paradigmas

O segundo fator que preside à incontornável e moderna diversificação no interior de cada campo de saber, e da História em particular, é o que podemos chamar de "multiplicação de paradigmas", ou, dito de outra forma, de "crise do paradigma único". Esse fenômeno – já perceptível a partir das últimas décadas do século XIX e mais intensamente afirmado no decurso do século XX – iria encontrar expressão seja nas artes, seja na ciência. Assim, é possível citar o exuberante exemplo dos novos paradigmas modernistas que surgem com a arte moderna. A História da Arte, a partir do século XX, já não pode mais encontrar uma metanarrativa em termos de estilos de época que se sucedem. Os artistas modernos vão explorar sincronicamente o investimento em novas e diferentes instâncias capazes de mobilizar a criatividade humana – não mais apenas a capacidade de "imitar a realidade" (que é a perspectiva clássica e neoclássica), mas também as instâncias da "imaginação radical" (expressa pelo Surrealismo), da "desconstrução ou invenção de formas" (explorada pelo Abstracionismo e pelo Cubismo), da "exploração dos instintos" (investimento que tipificou o Fauvismo), e da "expressão radical de sentimentos e padrões de subjetividade" (que dá sentido à experiência do Expressionismo)[4].

De igual maneira, em uma ciência como a Física, que durante longo período pôde ser dominada por um único paradigma – o da Mecânica Clássica proposta por Newton – começam a partir do início do século XX a emergir novos paradigmas, bem distintos uns dos outros: não mais apenas a Física Clássica, mas a Relatividade, a Física Quântica, e outras.

Também a História iria assistir no século XX a uma multiplicação de teorias da História e de paradigmas historiográficos. Já partilhada, na verdade, por três ou quatro paradigmas importantes desde o século XIX – se lembrarmos pelo menos o historicismo, o positivismo e o materialismo histórico como caminhos que logo se desenharam como alternativas importantes para a Historiografia – já desde as primeiras décadas do século XX os paradigmas e correntes historiográficas começaram a se multiplicar indefinidamente no seio da historiografia

---

[4]. No extremo, e para o período ou contexto que muitos denominam Pós-modernidade, alguns autores e historiadores da arte chamam atenção para o fim não apenas dos estilos de época, mas também dos próprios movimentos e correntes artísticas (embora não da arte), o que permitiria pensar a possibilidade de um fim da História da Arte. No extremo, fala-se também em "morte da arte", uma questão já aventada por Hegel. Para esta discussão, as referências são Arthur Danto (*Após o fim da arte* – A arte contemporânea e os limites da História. São Paulo: Edusp, 2006) e Hans Belting (*O fim da História da Arte*. São Paulo: Cosac & Naif, 2006). Cf. tb. VATTIMO, G. "Morte ou ocaso da arte". *O fim da Modernidade*. Lisboa: Presença, 1987, p. 45-54. Contra a ideia de morte da arte, cf. GULLAR, F. *Argumentação contra a morte da arte*. São Paulo: Revan, 2003.

profissional. No interior das perspectivas historicista e materialista-histórica, por exemplo, surgem diversificadas correntes teóricas, algumas inclusive bastante contrastantes entre si, mesmo que associadas em suas linhas gerais ao mesmo paradigma historiográfico. Afirmam-se, com a mesma legitimidade, as mais distintas maneiras de conceber a História e de abordá-la, de organizá-la em torno de quadros conceituais definidos; ou, ao contrário, de fundá-la essencialmente no trabalho empírico ou na discursividade[5]. Mesmo em seu arco mais amplo, a História assiste desde então à proposta de novos feixes paradigmáticos para além do tradicional viés hipotético-dedutivo conduzido por um único analista-narrador (que corresponde à perspectiva da macro-história tradicional), e afirmam-se como alternativas importantes o "paradigma da complexidade", à maneira de Edgar Morin, a "perspectiva micro-historiográfica" que se estabelece em torno de uma abordagem que privilegia o indício como ponto de partida para aquilo que Carlo Ginzburg denominou de "paradigma indiciário"[6], e as propostas de uma escritura polifônica da História, tal como sugere Dominick LaCapra a

---

5. Para um exemplo da radicalização do pensamento da História como discurso, cf. JENKINS, K. *A História repensada*. São Paulo: Contexto, 2005. Referências importantes para o estudo da História como discurso é a obra de Hayden White, particularmente *A meta-história – A imaginação histórica do século XIX* (São Paulo: Edusp, 1992) e *Trópicos do discurso – Ensaios sobre a crítica da cultura* (São Paulo: Edusp, 1994). Podem-se citar, ainda, as obras de Dominick LaCapra: *History and Criticism* (Nova York: Ithaca, 1985) e *Rethinking Intellectual History*: Texts, Contexts, Language (Nova York: Ithaca, 1983).

6. GINZBURG, C. "Sinais: raízes de um paradigma indiciário". *Mitos, emblemas, sinais*. São Paulo: Cia. das Letras, 1991, p. 143-179.

partir de uma inspiração bakhtiniana[7]. A seu tempo, também as metanarrativas, que na primeira metade do século haviam almejado explicar a História de maneira soberana e definitiva, começam a ser questionadas por uma historiografia que muitos chamarão de pós-moderna[8].

Essa crítica ao paradigma único, com a concomitante multiplicação de modos de ver a História, também repercute

---

[7]. 1) As referências-chave para o paradigma da complexidade podem ser encontradas nas obras de Edgar Morin. Cf. esp. MORIN, E. *Introdução ao pensamento complexo*. São Paulo: Sulina, 2007, p. 2). Para uma definição do "paradigma indiciário", que está sintonizado com a proposta da micro-história, cf. GINZBURG, C. "Sinais – Raízes de um paradigma indiciário". *Mitos, emblemas e sinais*: morfologia e História. São Paulo: Companhia das Letras, 1989, p. 143-179. Embora caminhando por outra constelação de possibilidades conceituais, também Foucault aponta perspectivas similares à da busca micro-historiográfica do indício quando desenvolve a sua tese de que o poder está disseminado através de uma rede. Diz ele que os interstícios do poder devem ser buscados "nos lugares [aparentemente] menos promissores" – inclusive "nos sentimentos, no amor, na consciência, no instinto" (O'BRIEN, P. "A história da cultura de Michel Foucault". In: HUNT, L. *A nova história cultural*. São Paulo: Martins Fontes, 1995, p. 49). 3) Sobre as propostas de LaCapra retomando o dialogismo de Bakhtin cf., além das obras do próprio LaCapra, o texto explicativo de Lloyd S. Kramer (KRAMER, L. "Literatura, crítica e imaginação histórica: o Desafio literário de Hayden White e Dominick LaCrapa". In: HUNT, L. (org.). *A nova história cultural*. São Paulo: Martins Fontes, 1995, p. 131ss.).

[8]. Sobre um contexto que apontaria para a imprevisibilidade de um mundo em acelerada transformação, cf. SEVCENKO, N. *A corrida para o século XXI*: no *loop* da montanha russa. São Paulo: Companhia das Letras, 2001. Cf. tb. JAMESON, F. "Pós-modernidade e sociedade de consumo". *Revista Novos Estudos Cebrap*, n. 12, 1985. São Paulo. Uma referência para a discussão da crise das metanarrativas, para além da obra de Janeson e numa outra direção por ele criticada, é a célebre obra de Lyotard sobre a condição pós-moderna (LYOTARD, J.-F. *A condição pós-moderna*. Rio de Janeiro: José Olympio, 1998).

na multidiversificação do seu campo interno, vindo acrescentar um elemento de complexidade à tendência à especialização que já vinha em curso na história do conhecimento moderno.

Interdisciplinaridade

Por fim, um terceiro fator que contribui para a multidiversificação do conhecimento histórico é o afloramento, cada vez mais intenso e expressivo, da interdisciplinaridade[9]. Em alguns pontos, este aspecto parece se confrontar com o primeiro (o da hiperespecialização do conhecimento) e se apresentar como um contrapeso importante para o isolamento disciplinar. Mas não há como negar que a interdisciplinaridade – presente com especial vigor desde as novas propostas historiográficas que vão surgindo no decurso do século XX – também foi essencial para a possibilidade de multidiversificação de perspectivas e modos de trabalho disponíveis para a Historiografia. Algumas das modalidades da História que adquirem expressão no decorrer do século XX são mesmo constituídas a partir do diálogo da História com outras ciências humanas e sociais como a Geografia, Psicologia, Antropologia, Sociologia, Economia, ou mesmo ciências da natureza como a Biologia. A Geo-história, a História Econômica, a Psico-história, e, mais recentemente, a História Ambiental, são exemplos óbvios.

---

9. Para uma discussão sobre a interdisciplinaridade, cf. JAPIASSU, H. *A interdisciplinaridade e patologia do saber*. Rio de Janeiro: Imago, 1976. Cf. tb. FAZENDA, I.C. *A interdisciplinaridade* – História, teoria e pesquisa. Campinas: Papirus, 1994. Referência clássica ao papel da interdisciplinaridade na Historiografia contemporânea pode ser encontrada em BRAUDEL, F. *História e ciências sociais*. São Paulo: Martins Fontes, 1990.

Eis, portanto – por vezes imbricados e algumas vezes produzindo tensões –, os três fatores fundamentais que amparam o movimento de multiplicação de campos históricos: a "hiperespecialização", a "multiplicação de paradigmas", a "interdisciplinaridade". No interior deste quadro em movimento, a Historiografia iria assistir ao surgimento de inúmeras modalidades, por vezes embaralhadas, e que doravante passariam a ser consideradas essenciais para a constituição da identidade de cada historiador.

Campos históricos

Foi a uma análise de conjunto destas diversas modalidades que me propus em alguns dos estudos que tenho desenvolvido nos últimos anos, e, para encaminhar esta análise, percebi desde cedo que um problema precisava ser enfrentado: a "diversidade de critérios" que parecia presidir a emergência das inúmeras modalidades historiográficas. De fato, desde que a História da Historiografia começou a se afirmar como um setor importante da reflexão historiográfica, inúmeras subdivisões historiográficas começaram a aparecer como autorreferências dos historiadores e como campos a serem definidos pelas grandes coletâneas de ensaios historiográficos que buscavam apresentar uma reflexão dos diversos historiadores sobre o seu próprio ofício. O elemento complicador, naturalmente, sempre foi a intrincada variedade de critérios que parecia presidir a emergência das inúmeras modalidades historiográficas.

Seja na bibliografia internacional, seja na bibliografia brasileira que vinha sendo desenvolvida no sentido de refletir sobre as modalidades historiográficas no mundo contemporâneo, verifiquei que era bastante comum um modelo que se iniciara na França, nos anos de 1970, com algumas obras coletivas de historiadores ligados à *Nouvelle Histoire*. Tratava-se de organizar coletâneas de ensaios desenvolvidos por diversos autores, e confiar a cada um deles a tarefa de discorrer sobre determinada modalidade historiográfica. Este modelo rendeu muitas obras de valor considerável, inclusive no Brasil. A escolha deste modelo é compreensível: trabalha-se com uma equipe, na qual cada autor pode dedicar-se a examinar a modalidade na qual se tem especializado (discutiremos mais adiante se pode haver, rigorosamente, uma especialização em uma única modalidade). Todavia, eu percebia que, nas diversas coletâneas que resultavam deste modelo, terminava por ocorrer como que uma "reunião não sistemática de estudos". Que critérios de organização justificam, por exemplo, unir em um grande volume reflexões sobre "A História das Mulheres", a "História Econômica", a "História Urbana", a "Micro-história", a "História Vista de Baixo", a "História da Vida Privada", a "História das Mentalidades", a "História do Trabalho", a "História Quantitativa", a "História da Família"? O exemplo é meramente aleatório, e não se refere a nenhuma publicação específica que tenha sido publicada com este plano (até mesmo evitei não dar nenhum exemplo que coincida com alguma obra já publicada, para não dar ideia de alguma crítica, o que não seria o caso).

O ponto em que eu me debatia era, em primeiro lugar: por que uma ordem como esta, e não uma outra, e por que estas modalidades, e não outras, já que são infinitas as modalidades historiográficas que têm surgido nos últimos cem anos? Como explicar este modelo de organização, e todos os outros que apareciam nas coletâneas sobre "modalidades da História", e, mais ainda, como explicar as várias escolhas de modo a chegar a alguma que tivesse algum padrão de coerência adequadamente explicitado para o leitor da obra? De fato, muitas das coletâneas sobre modalidades da história pareciam-se, exagerando bastante na caricatura, com aquela "Enciclopédia Chinesa" que foi mencionada por Jorge Luís Borges em um de seus textos, e depois citada por Michel Foucault na abertura do ensaio *As palavras e as coisas* (1966)[10]. A referência que aqui utilizo é apenas uma provocação intelectual para estimular em cada um de nós uma busca de ordem. Mas a minha pergunta permanecia: Que critérios justificam, em uma determinada coletânea sobre as "modalidades historiográficas", a escolha de algumas modalidades e não outras, bem como a sua organização em uma determinada ordem no sumário do livro? Dito de outra forma, que sistematização de critérios pode ser pensada para presidir a organização de livros sobre "modalidades historiográficas" de modo que os capítulos do livro não pareçam, ao seu leitor, estarem unidos por uma "ordem aleatória", não científica?

De fato, verificando os prefácios de diversas das coletâneas sobre "modalidades historiográficas", não encontramos habitualmente um esclarecimento maior sobre as ligações

---

10. Foucault, logo na abertura de *As palavras e as coisas*, cita a *Enciclopédia Chinesa* criada literariamente por Jorge Luís Borges. O verbete desta enciclopédia que se propunha a estabelecer uma classificação para os animais desenvolvia a seguinte taxonomia: "os animais se dividem em: a) pertencentes ao imperador; b) embalsamados; c) domesticados; d) leitões; e) sereias; f) fabulosos; g) cães em liberdade; h) incluídos na presente classificação; i) que se agitam como loucos; j) inumeráveis; k) desenhados com um pincel muito fino de pelo de camelo; l) et cetera; m) que acabam de quebrar a bilha; n) que de longe parecem moscas" (FOUCAULT, M. *As palavras e as coisas*. São Paulo: Martins Fontes, 2009, p. IX).

de coerência que são possíveis de serem percebidas na emergência das várias modalidades historiográficas. O leitor, ao terminar de ler este ou aquele livro sobre os diversos domínios da história, ficará conhecendo um certo número de modalidades historiográficas, com tanto maior clareza quanto seja a capacidade explicativa do autor designado para cada capítulo, mas não sairá melhor instruído do que antes acerca dos sistemas possíveis que poderiam produzir uma ordem lógica para a compreensão destas várias modalidades. Minha pergunta inicial, então, passou a ser a seguinte: Será possível elaborar uma espécie de *Teoria dos Campos Históricos*, ou pelo menos uma tábua explicativa que ajude a compreender por que todas essas modalidades historiográficas surgiram no último século e permanecem até hoje como uma espécie de sistema que se constituiu para produzir identidades para os próprios historiadores?

Tal tarefa, naturalmente, deveria ser trabalho de gerações de estudiosos, pois este não seria certamente um assunto para ser esgotado de um único fôlego. Mas seria um bom começo desenvolver uma espécie de *Esboço para uma Teoria dos Campos Históricos*. Não denominei desta maneira específica nenhum dos estudos sobre modalidades historiográficas aos quais passei a me dedicar. Mas posso dizer que este foi o espírito do trabalho ao qual me voltei em alguns desses estudos, e que terminou por resultar na publicação de um livro intitulado *O campo da História* (2004). Compreender a diversidade de modalidades historiográficas, e, mais ainda, a variedade de critérios que as fazem surgir, foi tarefa a que me propus a enfrentar, e desde logo me pareceu ter surgido uma alternativa viável: a avaliação das modalidades internas da História de acordo com três critérios a partir dos quais poderiam ser constituídas divisões historiográficas: as *dimensões*, as *abordagens* e os *domínios temáticos*.

Dimensões, abordagens e domínios temáticos

Uma "Dimensão" corresponde a uma determinada modalidade da História que é definida pelo enfoque que orienta a leitura do historiador: por aquilo que ele traz a primeiro plano, em sua análise, em termos de dimensões da vida social. O que preocupa este ou aquele historiador essencialmente? Que grande noção oculta-se em seu trabalho como conceito fundamental: a população, o poder, a cultura, a economia, os modos de pensar e de sentir? Para cada um destes enfoques teríamos respectivamente modalidades historiográficas que poderiam ser definidas como dimensões: a História Demográfica, a História Política, a História Cultural, a História Econômica, a História das Mentalidades. Costumo pensar que as *dimensões* correspondem aos aspectos mais irredutíveis que surgem em uma relação, real ou imaginária, envolvendo dois ou mais seres humanos. Quando dois seres humanos se encontram, ainda que fossem náufragos em uma ilha deserta, ou quando um determinado grupo social se estabelece em certo território, afirmam-se ou insinuam-se de imediato determinadas relações de poder, estabelecem-se certas identificações ou estranhamentos relacionados à cultura, impõem-se determinados regimes de trabalho e de troca de serviços que poderemos facilmente enquadrar no âmbito da economia.

O recuo à Pré-história, por exemplo, ou o artifício de imaginar a vida de dois náufragos em uma ilha deserta, costuma ser bem elucidativo para a identificação destas dimensões irredutíveis. Podemos imaginar sociedades ou grupos humanos sem religião ou sem música, mas não é possível imaginar sociedades humanas nas quais não se vejam instituídas relações de poder (uma política em sentido amplo), ou que não desenvolvam uma cultura e uma economia. Podemos imaginar sociedades sem literatura e sem pensamentos científicos, mas não uma sociedade que não gere certos modos de sentir e de pensar. Por isso a História da Religião, a História da Música, a História da Literatura ou a História da Ciência não chegam a constituir "dimensões", mas sim grandes "domínios temáticos". Enquanto isso, a História Política, a História Cultural, a História Econômica são modalidades que se referem claramente a dimensões mais abrangentes da vida humana – aspectos irredutíveis da vida social. Do mesmo modo, não há grupo humano que prescinda de produzir seus objetos ou de se apropriar dos que lhe oferece a natureza, de modo que também podemos localizar como uma *dimensão* a modalidade da História da Cultura Material. A história da sexualidade, dimensão que clama por ser mais bem-investigada pelos historiadores do futuro, também poderia se localizar neste grupo, uma vez que é impossível pensarmos um ser humano ou grupo social que não mantenha relações com a instância da sexualidade, mesmo que a sua intenção seja tentar reprimi-la.

Um segundo critério que permite criar ou identificar modalidades da História refere-se ao que chamamos de "Abordagens". O modo como o historiador trabalha, o tipo de fontes que ele constitui, a maneira como ele observa a realidade – em uma palavra, o "fazer histórico" – é o que está essencialmente por trás de todo um conjunto de modalidades históricas surgidas nas últimas décadas. Exemplos eloquentes são os da História oral – que corresponde a determinado modo de fazer a

História e a certo tipo de fonte (os depoimentos orais) – o da Micro-história, que corresponde a certa maneira de observar a realidade a partir de uma redução na escala de observação, ou ainda o da História Comparada, que corresponde a uma duplicação ou multiplicação de recortes de observação. As modalidades da História que classificaremos como abordagens, portanto, estão em sintonia com modos de fazer, com decisões metodológicas.

Os "domínios temáticos", que correspondem ao terceiro critério que gera subdivisões na História, referem-se aos inúmeros assuntos ou âmbitos temáticos pelos quais os historiadores podem se interessar. São na verdade inumeráveis, e entre eles podemos encontrar desde domínios já tradicionais e bastante abrangentes – como a História da Religião, a História do Direito, a História da Música, a História Urbana – até domínios mais recentes na história da Historiografia, bem como outros que surgem com a moda e que com ela se vão, ou ainda domínios tão esdrúxulos, transitórios ou fragmentários que uma parte deles bem se enquadraria naquilo que François Dosse denominou "uma história em migalhas"[11]. O setor mais móvel dos campos históricos, mais sujeito a oscilações e reconfigurações em ritmo acelerado, mais flutuante no que concerne às modalidades que ganham ou perdem destaque, é o dos domínios temáticos.

Dimensões, abordagens e domínios, enfim, correspondem aos três principais critérios geradores de modalidades historiográficas – à parte, é claro, os critérios relacionados a temporalidades e espacialidades, como História Antiga e História da América, que apontam para um tipo de especialismo

---

11. DOSSE, F. *A história em migalhas*. São Paulo: Ensaio, 1994.

paralelo, bastante comum entre os historiadores. Mas para nos concentrarmos da tríade que estamos examinando, já deve ter ficado claro que nenhum objeto de estudo da História pode se resumir a uma única modalidade: no limite, um certo objeto de pesquisa estará implicado em uma conexão mínima entre uma dimensão, uma abordagem e um domínio temático. Digamos, por exemplo, que o interesse de um historiador é examinar a "música de protesto na época da ditadura militar no Brasil", e que pretende realizar entrevistas com os atores sociais que viveram aqueles acontecimentos. Temos aqui, no mínimo, uma clara conexão entre a História Política (uma dimensão), a História Oral (uma abordagem), e a História da Música (um domínio temático). Naturalmente que, em relação a este tema, ainda podemos pensar na conexão de duas dimensões – História Cultural e História Política – e na combinação de diversos domínios, afinal, teremos aqui não apenas uma História da Música como também uma História da Censura, ou outros domínios que se possa imaginar.

Contraste entre a História e as ciências duras

Esse último aspecto me permitirá iniciar uma reflexão sobre o contraste entre as Ciências Humanas e as Ciências Exatas ou Naturais. De modo geral, em contraposição às Ciências Exatas (com relação às quais existem eventos ou processos que podem ser examinados no interior de uma única modalidade como Física Nuclear, a Astrofísica ou a Física Mecânica), já os objetos das Ciências Humanas não são em nenhuma hipótese enquadráveis em uma única modalidade. Dito de outra forma, os fatos e processos históricos são multidimensionais. Não existem, por exemplo, fatos exclusivamente econômicos ou políticos, nem fatos ou processos que se restringem ao universo da cultura. Ao mesmo tempo, um historiador dificilmente se limita a uma única abordagem. É por isto que, ao procurarmos construir um panorama dos campos históricos, devemos ter em mente, aqui, uma nova noção de "campo": não como lote espacializado dentro de um certo território de saber, mas como "campo de força" ou de influências, permitindo-se conceber a interpenetração e interação entre campos.

Nenhuma pesquisa histórica, tal como disse, localiza-se *dentro* de um campo histórico (como a História Cultural, a História Econômica ou qualquer outro). O que se pode dizer é que qualquer trabalho historiográfico se produz em uma determinada *conexão* de campos históricos, como ocorre com o exemplo que atrás mostrei sobre uma pesquisa que se propusesse a estudar a "Música de protesto na época da ditadura militar no Brasil". Em um estudo como este, a História Política, a História Cultural, a História da Música, e talvez a História Oral, se optarmos por esta abordagem, associam-se para que se produza certo ambiente historiográfico sob o qual tal pesquisa poderia florescer. Ou, melhor dizendo, ao ser constituído este objeto, produz-se essa interconexão específica de campos históricos, ou qualquer outra que seja possível pensar com maior precisão para o estudo em questão.

Recentemente, comecei a trabalhar com uma imagem interessante para a compreensão destas conexões. Pode-se dizer que cada uma destas modalidades historiográficas – a História Cultural, a História Política, a História da Música, a História Oral, e outras – são como as notas musicais que se combinam para a formação concomitante de um *acorde* mais complexo que constituirá, ao fim de tudo, a harmonia desta música específica que é a pesquisa proposta. De fato, a produção de conhecimento na área de História, ou mesmo em qualquer outra das Ciências Humanas, é mais semelhante à elaboração de uma composição musical do que à edificação de uma arquitetura rígida que seja construída por um bem-calculado trabalho de engenharia. De todo modo, esta é apenas mais uma metáfora: todo estudo histórico harmoniza-se com certo "acorde de campos históricos", que traz a sua especificidade[12].

Outro importante aspecto de contraste entre a História e as chamadas ciências duras está no dinamismo interno da Historiografia, que apresenta uma intensa flutuação e mutabilidade nos campos históricos. A constante redefinição de interesses historiográficos a partir do presente do historiador faz com que a História, assim como as demais ciências humanas, reorganize-se internamente com maior velocidade de transformação do que as ciências exatas e as ciências da natureza. Em vista disto, a história da Historiografia assiste a uma infindável mudança de interesses historiográficos e à sua repercussão na reconfiguração do quadro de modalidades históricas. Pode-se dizer, para empregar outra metáfora útil, que o caleidoscópio das modalidades historiográficas não cessa nunca de se mover para produzir uma nova configuração do campo da História.

Quadro recente e futuro da Historiografia

Poderia lembrar aqui alguns dos campos históricos que têm se fortalecido ou adquirido evidência nas últimas quatro

---

12. A metáfora do "acorde" é retomada na última conferência publicada nesta coletânea. Foi elaborada em maior nível de aprofundamento no quarto volume da Coleção Teoria da História (Petrópolis: Vozes, 2011).

décadas. Entre estes, seria oportuno registrar (1) algumas modalidades já tradicionais que têm se reafirmado: a História Cultural; a História Política (uma renovada História Política), a História Econômica (com novas perspectivas, que ultrapassam o fetiche quantitativo). Ao lado disto, (2) é preciso destacar as novas modalidades que têm surgido ou se afirmado mais intensivamente nas quatro últimas décadas. Encontram-se na ordem do dia a Micro-história; a História Oral; a História Conceitual[13]; ou ainda as modalidades voltadas para o estudo de novos tipos de fontes históricas, para além da escrita (imagem pictórica, fotografia, cinema, patrimônio). Assistimos nas últimas décadas, a partir do diálogo com os chamados "saberes psi" e com a Antropologia, ao surgimento e à afirmação de modalidades voltadas para o estudo dos ambientes mentais e dos modos de sentir (como a História das Mentalidades ou a História do Imaginário); e também ao fortalecimento de modalidades voltadas para o estudo da sexualidade e da relação entre gêneros (como a História de Gêneros e a História da Sexualidade). O agravamento dos problemas relacionados à desigualdade social e a afirmação das diferenças nas sociedades democráticas têm proporcionado um interesse renovado em relação às modalidades historiográficas voltadas para o estudo das diferenças (como é o caso da História das Etnias e das Identidades; ou da História da Religiosidade). Certamente, sob o contexto das preocupações do novo milênio com a preservação e transformações no *habitat* humano, afirmam-se os

---

13. Para a História conceitual, cf. KOSELLECK, R. *Futuro passado* – Contribuição à semântica dos tempos históricos. Rio de Janeiro: PUC, 2006. • JASMIN, M.G. & FERES JUNIOR, J. (orgs.). *História dos conceitos*: debates e perspectivas. Rio de Janeiro: PUC/Loyola, 2006.

domínios temáticos voltados para os ambientes de vida do homem: a História Ambiental; a História Urbana; a História da Vida Privada. Dentro do mesmo contexto, não é possível esquecer os domínios temáticos relacionados às necessidades básicas do homem, nem sempre atendidas para todos os grupos humanos, e que tornam sempre atuais uma História da Educação ou uma História da Saúde. As grandes descobertas científicas, por fim, acenam com futuras promessas, entre as quais pode ser citada uma História Genética do Homem (em interação possível com uma renovada História Demográfica).

É possível ainda prever que novos campos históricos, mais especificamente relacionados a possibilidades novas de Escrita da História, estão por surgir no horizonte historiográfico que se descortina com o novo milênio. Será o formato livro o único destino de um bom trabalho historiográfico? Não será possível trazer novos suportes para a História, para além do "escrito", como a *Visualidade* – incluindo a fotografia e o cinema – a *Materialidade*, convocando uma maior parceria entre historiadores, museólogos e arquitetos, ou como a *Virtualidade*, chamando mais intensamente à História os recursos da Informática? Assistiremos nas próximas décadas à possibilidade de teses de História apresentadas em formato de vídeo ou DVD, ao invés do tradicional formato livro?

Retomando a questão da expansão da História e dos campos históricos que se prenunciam para o futuro, imagino a possibilidade de surgimento ou fortalecimento de modalidades historiográficas que seriam definidas por novos tipos de suporte. Três propostas para o novo milênio, para além da História escrita, seriam a História Visual, a História Material e a História Virtual[14]. Diante da permanente reconfiguração dos campos históricos, podemos nos perguntar, hoje como sempre, que novas modalidades historiográficas ainda estão por serem geradas e desenvolvidas pelos historiadores de agora e do futuro.

---

14. Este tema é retomado na conferência *A Escrita da História*, publicada neste mesmo livro. Na conferência inicial, seguiam-se algumas considerações e projeções mais específicas sobre as possibilidades de surgimento e consolidação destes novos campos. Como o assunto foi retomado mais tarde, na conferência seguinte, excluímos essa parte da conferência para evitarmos repetições desnecessárias neste livro.

2

A Escrita da História a partir de seis aforismos[*]

Gostaria de começar por delimitar os termos do meu próprio espaço de reflexão nesta conferência. Muito habitualmente, a expressão "Escrita da História" tem sido empregada na Historiografia de uma maneira bastante abrangente, envolvendo o produto do trabalho do historiador como um todo: vale dizer, considerando-se como a atividade que abrange desde a pesquisa e reflexão e até a produção de uma obra específica que expõe os resultados da reflexão e pesquisa. Escrita da História, neste sentido, confunde-se com a própria Historiografia, ou com a História elaborada pelos historiadores a partir da história-processo. Por outro lado, a expressão "Escrita da História" pode se referir mais especificamente àquele sentido estrito que remete ao texto produzido pelo historiador ou ao seu modo de escrever. Nesta palestra estarei evocando estes dois sentidos da expressão "Escrita da História", mas confluindo para uma atenção especial ao sentido estrito.

---

[*] Este texto, com o título *A Escrita da História: desafios para os novos tempos*, foi originalmente apresentado como Conferência de abertura para o II Encontro Vivências, Reflexões e Pesquisa, realizado em 20/10/10 em Eunápolis, BA, na Universidade Estadual da Bahia (Uneb).

Pensar os desafios da História nos tempos contemporâneos leva-nos, aliás, a dar uma atenção efetiva a este último aspecto, uma vez que, em nossos dias, um dos maiores desafios que se renovam diuturnamente na vida daqueles que se dedicam tanto à pesquisa histórica como ao ensino de História – seja como alunos ou como professores – é o problema da Escrita da História. Expor de maneira atraente e eficaz os resultados de uma pesquisa, e ensinar ou aprender os modos de escrever historiograficamente – eis aqui problemas essenciais com os quais todos estamos envolvidos em nossa habitual prática como historiadores e aprendizes da História. Adicionalmente, o mundo editorial impõe cada vez mais que os historiadores cuidem deste aspecto, sob pena de perderem espaço para outros profissionais que também publicam trabalhos com teor historiográfico.

Para tocar nos pontos principais que envolvem o tema, minha intenção é abordar nesta palestra uma tríplice relação: pesquisa, ensino e escrita da História. O ensino ao qual vou me referir é especificamente este ensino voltado para a formação do historiador, isto é, o ensino de graduação em História. Ao lado disto, minha proposta é discutir como têm se refletido, ou como deveriam se refletir neste ensino de graduação em História, estas duas instâncias que interagem e se tensionam criativamente de modo a constituir o trabalho historiográfico: a pesquisa e a construção do texto historiográfico[1]. Duas perguntas básicas,

---

1. Para uma reflexão sobre o ensino de História no nível médio, tema que não será abordado aqui, e considerando mais especificamente o ambiente europeu, cf. WEISS, John H. *Interpreting Cultural crisis: Social history confronts humanities education*. Journal of Interdisciplinary History. Vol. 26, 1996, p. 459-474. Para uma reflexão sobre o ensino de História no Brasil, cf. FONSECA, T.N.L. *História & ensino de História*. 2. ed., 1. reimp. Belo Horizonte: Autêntica, 2006.

deste modo, orientarão cada uma das partes desta palestra. De um lado, indagarei como têm se expressado, enquanto novas exigências para a formação do historiador, as transformações que se deram no âmbito da pesquisa histórica, que desde o último século tem expandindo extraordinariamente seus objetos, fontes e métodos. Estaremos evocando, neste primeiro momento, a expansão da Escrita da História no sentido mais amplo.

De outro lado, perguntarei também como as inovações no âmbito da produção do texto historiográfico, isto é, na sua parte artística, literária, poderão afetar tanto o trabalho de pesquisa dos historiadores profissionais como este mesmo ensino que hoje se volta para a formação do historiador nos cursos de graduação. Enfim, estaremos nos perguntando, em diversos momentos, como estas duas dimensões – pesquisa e escrita – têm interagido uma sobre a outra, e como o ensino pode mediar esta relação ao oferecer elementos para que, através de uma capacitação cada vez mais completa do historiador, a História prossiga em sua expansão de objetos, fontes e recursos expressivos.

A *formação histórica* – expressão com a qual estaremos indicando o conjunto de saberes e capacitações que é habitualmente oferecido aos "historiadores em formação", através do Ensino Superior – poderá ser aqui imaginada como esse "modo de caminhar" que precisa de duas pernas: a da pesquisa e a da escrita. Veremos sem maiores dificuldades que o ensino de História tem andado bem de uma de suas pernas, a da *pesquisa*. Mas será que também tem andado bem da "perna da escrita"?

Começo por dizer que já é uma ideia antiga, aceita pela maior parte dos historiadores, a de que a História é um gênero de saber que envolve simultaneamente "pesquisa e artesanato"[2]. Dito de outro modo, a História é *ciência* no momento em que se constitui como campo de pesquisa que exige do historiador método, demonstração, suporte empírico em fontes, referências reais, problematização. Mas a História é também arte naquele momento em que, diante da tarefa de expor de determinada maneira os resultados de suas pesquisas e reflexões, o historiador deve construir um texto que envolve o mesmo tipo de aprimoramento que é exigido do literato[3].

---

2. Essa observação é trazida por Arnold Toynbee, por exemplo, na entrevista que, em português, foi publicada no opúsculo *Toynbee por Ele Mesmo* (Brasília: UnB, 1981, p. 7). Para uma reflexão desenvolvida em torno da metáfora do artesanato, cf. tb. a conferência de Durval Muniz Albuquerque para o Ereh 2008, intitulada "O Tecelão dos Tempos – O historiador como artesão das temporalidades", publicada também na revista eletrônica *Boletim do Tempo* (ano 4, n.19, 2009).

3. Ranke, em *Ideia de uma História Universal*, já registrava esta percepção: "A História distingue-se das demais ciências por ser, simultaneamente, arte. Ela é ciência ao coletar, achar, investigar. Ela é arte ao dar forma ao colhido, ao conhecido, e ao representá-los. Outras ciências satisfazem-se ao mostrar o achado meramente como achado. Na História opera a faculdade da reconstituição. Como ciência, ela é aparentada à filosofia; como arte, à poesia" (RANKE, L. *Die Idee der Universalhistorie, Vorlesugseinleitungen*, V. Dotterweich (org.). W.P. Fuchs (*Werk und Nachlass*, v. 4). Munique, 1975, p. 72. De todo modo Ranke, ainda que um mestre da narrativa, dignificava na profissão do historiador a ciência acima de tudo. A este respeito, cf. RUSEN, Jörn. *História Viva*. Brasília: Edunb, 2007, p. 18-19. Vale ainda lembrar que já no próprio século XIX desenvolve-se um rico debate em torno do lugar da narrativa na História, tal como analisou mais sistematicamente Temístocles Cezar em seu artigo "Narrativa, Cor Local e Ciência" (*História Unisinos*, vol. 8, n. 10, jul./dez. 2004, p. 11-34. São Leopoldo). Impressiona, por exemplo, a consciência sobre a narratividade histórica que já é demonstrada por autores oitocentistas como Barante (1848, p. 400) e Cousin (1823: 159).

Ao construir o seu texto, o historiador faz as suas escolhas, decide caminhos narrativos, ocupa-se de produzir um texto interessante para o seu leitor. O texto histórico, enfim, precisa dar uma ordem àquilo que foi pesquisado e pensado[4], e essa operação envolve a necessidade de talento literário em algum nível, mesmo nos casos em que se discuta a possibilidade de construir uma narrativa tão neutra e objetiva quanto possível, tal como propunham os historiadores cientificistas.

Ao reconhecermos que a feitura do texto histórico envolve uma elaboração literária, estamos também a um passo de dizer que a história aproxima-se da *arte*. Desta maneira, arte e ciência travam seu diálogo no interior deste gênero literário que é a História. A história da Historiografia, neste sentido, é feita das transformações que têm se dado tanto na instância científica da História como na sua instância artística. Como se dá esta tensão entre ciência e arte no interior da História, aqui compreendida como forma específica de conhecimento, e como o ensino voltado para a formação do historiador administra esta tensão? É sobre esta dupla questão que gostaria de discorrer[5].

---

4. Sobre isto, cf. o excelente artigo de Temístocles Cezar, que observa que, desde Tucídides e os antigos, a História já se defrontava com esta dupla exigência de pesquisar e narrar (CEZAR, T. "Narrativa, cor local e ciência – Notas para um debate sobre o conhecimento histórico no século XIX". *História Unisinos*, vol. 8, n. 10, jul.-dez./2004, p. 14).

5. Para efeito desta conferência, partiremos da ideia de que a História é simultaneamente ciência e arte. É óbvio que existem posições que procuram situar a História apenas como ciência, e, no outro extremo, posições que tentam deslegitimar a cientificidade da história para considerá-la simplesmente um gênero literário. Para um balanço destas posições, cf. o texto de Noiriel sobre *A crise da História* (1996). Um texto pendendo para o ponto de vista das vertentes pós-modernistas que reduzem a História

Continua

"Tudo é História"

Os extraordinários desenvolvimentos da instância científica da História podem ser compreendidos como uma expansão que, no decorrer da História e Historiografia, foi aprofundando crescentemente um dos mais famosos aforismos da Historiografia: "Tudo é História". Desde o século XIX, e sobretudo a partir do século XX, algumas das transformações mais significativas da História, particularmente como campo de conhecimento que se propõe a realizar uma pesquisa científica, estão relacionadas à ampliação do seu nível de complexidade no que se refere aos seus objetos. Este adensamento da complexidade histórica relativamente às possibilidades de constituição de seus objetos de estudos, como se sabe, começou a se intensificar ainda mais desde as primeiras décadas do século XX. Seu efeito mais visível correspondeu à multiplicação de "campos históricos" – isto é, de modalidades internas à própria História, de acordo com a

---

ao artefato literário pode ser encontrado no artigo que Ankersmit escreveu em 1989 para a *History and Theory*, e que mereceu uma réplica de Perez Zagorin. A posição que trabalha com a possibilidade de reduzir a história apenas ao seu artefato literário teve um ponto de inflexão importante com a notória obra *A meta-história*, de Hayden White, escrita em 1973 (São Paulo: Edusp, 1992), dois anos depois de outro texto bastante emblemático que foi o ensaio de Paul Veyne intitulado *Como se escreve a História* (1971), no qual o historiador francês já propunha a ideia de que a História era essencialmente uma intriga, embora sem deslegitimar a sua dimensão de pesquisa, que preferiu nesta obra não qualificar como "científica". Com relação a Hayden White, retoma mais tarde a questão de "ser a História arte ou ciência" em um artigo que pretende responder a Iggers, publicado em *Rethinking History* (vol. 4, n. 3, inverno de 2000, p. 391-406). Para um texto recente sobre a Historiografia pós-modernista e a crise da verdade histórica, cf. tb. o ensaio de Margaret Jacob intitulado "Postmodernism and the Crisis of Modernity" (*Telling Truth about History*. Nova York: W.W. Norton, 1994, p. 198-237).

autoimagem que os próprios historiadores vêm produzindo acerca de seu ofício.

É um lugar comum, nos manuais de Historiografia, ressaltar que desde a primeira metade do século XX começaram a surgir de forma mais delineada, no mapa interno da disciplina História, inúmeras modalidades novas para além das poucas modalidades historiográficas já tradicionais desde o século XIX, tais como a História Política e a História da Igreja. De fato, conforme já discuti em outras oportunidades[6], uma multidiversificação crescente da História foi se tornando visível já a partir das primeiras décadas do século passado, não apenas com a tão divulgada contribuição dos *Annales* desde as primeiras décadas do século, mas também com a nova historiografia alemã, com a micro-história italiana e com os novos marxismos, dos quais a Escola Britânica foi apenas um dos grandes expoentes. Novas correntes teóricas se fortaleceram no seio da Historiografia, abrindo espaço para uma multiplicação de paradigmas. Ao mesmo tempo, multiplicaram-se as modalidades internas da História, de acordo com as dimensões da vida humana ou social examinadas, com as abordagens utilizadas ou com os domínios temáticos examinados pelos historiadores contemporâneos. Foi assim que surgiram, ressurgiram ou reafirmaram-se modalidades historiográficas variadas, tais como a Geo-história, a História Demográfica, a História Econômica, a História Cultural, a História Oral, a História das Mentalidades, apenas para citar algumas[7].

---

[6]. Cf. a primeira conferência deste livro.

[7]. Sobre a multiplicação de campos históricos a partir do século XX, cf. BARROS, J.D'A. *O campo da História*. Petrópolis: Vozes, 2004.

No século XX – e esta tendência segue adiante neste nosso século XXI – os historiadores assumiram cada vez mais aquela antiga legenda, que, entre outros autores, fora uma vez pronunciada por Marx. "Tudo é História"[8]. Esse célebre aforismo implica pensarmos que tudo é atravessado pela História, mas também que tudo pode se tornar objeto para o estudo da História. Há muita coisa envolvida neste adensamento da complexidade historiográfica que pode ser sintetizado pela expressão "tudo é história". Se por um lado os objetos de estudo dos historiadores se multiplicaram, com a consequente multidiversificação interna da disciplina "História" no que se refere ao surgimento de inúmeras modalidades historiográficas, também se multiplicaram as fontes, as metodologias e possíveis aportes teóricos, os diálogos interdisciplinares.

Este adensamento da História em nível de suas possibilidades de temáticas e fontes traz implicações para a pesquisa e para o ensino de História que são ao mesmo tempo pesadas e libertadoras. Responsável por historiar um universo complexo e em expansão, no qual tudo está sujeito ao devir e o qual lhe fornece infinitos objetos de estudo, o historiador

---

8. A ideia de que "tudo é histórico" aparece em Marx em diversas oportunidades. Na "primeira observação" de *Miséria da filosofia* (1847), ele associa esta ideia à concepção dialética de que tudo participa de um interminável movimento, ou de que tudo está mergulhado em um processo de incessante devir: "Tudo o que existe, tudo o que vive sobre a terra e sob a água, existe e vive graças a um movimento qualquer" (1977: 128). Em *manifesto comunista* (1848), chama atenção para a historicidade radical das sociedades industriais, que traz uma impermanência de intensidade sem precedentes como principal marca do mundo capitalista, sintetizando esta percepção com a magistral frase de que "tudo o que é sólido desmancha no ar". Marshall Berman retomou esta frase-síntese como título de seu livro mais conhecido (1998).

torna-se, no mundo contemporâneo, razoavelmente livre para eleger seus objetos de estudo. Nada do que é humano está interditado ao seu estudo, contanto que observada a incontornável atenção à temporalidade, que é uma das características essenciais do saber historiográfico.

A possibilidade de estudar tudo, em todas as épocas, oferece ao "historiador em formação" um mundo sem limites – um mundo diante do qual não é difícil encontrar um tema de interesse para cada historiador singular, bem-afinado com suas vocações específicas. Por outro lado, um peso adicional passa a recair sobre a formação deste mesmo historiador. Diante das exigências de se tornar um historiador múltiplo, erudito, com diversificadas competências, como se tornar capaz de enfrentar tal tarefa? Se a erudição – conhecimento diversificado acerca de tudo o que é humano – já se destacava há muito como um horizonte desejável para o historiador profissional, este horizonte pesa agora sobre a sua formação de modo ainda mais significativo. Temos agora, sobre os ombros da História, o peso temático de todas as épocas anteriores, e também o peso interdisciplinar de todos os saberes de nossa própria época. Como preparar o "historiador em formação" para assumir tal tarefa?

A necessidade de diálogos interdisciplinares impõe, à História, a multiplicação de suas exigências curriculares. Não é possível elaborar uma história interpretativa sem que o historiador, de alguma maneira, também se faça filósofo. Dependendo do que ele irá estudar, e também das modalidades historiográficas que ele irá mobilizar em torno de seu trabalho, será preciso também que ele se faça antropólogo, sociólogo, geógrafo, economista, cientista político, psicólogo. Como contemplar todas estas exigências em quatro anos de currículo universitário? Dependendo não apenas de seus objetos, mas também de suas fontes, pode ser necessário ainda que ele também se faça estatístico, demógrafo, crítico de arte, semiólogo, linguista. Como estudar tudo isto, e tantas outras coisas?

Neste mundo acadêmico que, no período contemporâneo, conheceu a hiperespecialização e a fragmentação do conhecimento nas pequenas comunidades de especialistas que desenvolvem cada qual a sua linguagem própria, o movimento de retorno ou de religação interdisciplinar sempre implica problemas adicionais[9]. Não se trata apenas do já imenso problema de dar conta dos múltiplos caminhos abertos por cada ciência, de modo a incorporá-los como possibilidade

---

9. O problema da fragmentação dos saberes e dos danos da hiperespecialização é já antigo. Nietzsche chamara atenção para este problema já no século XIX, na famosa passagem de *Assim falou Zaratustra* (1883-1885) sobre os "aleijões ao avesso" (1979: 149-150). No século XX a hiperespecialização se intensifica. Ortega y Gasset dirige contra ela uma passagem sarcástica de sua *Rebelião das massas* (1929): "Dantes os homens podiam facilmente dividir-se em ignorantes e sábios, em mais ou menos sábios e mais ou menos ignorantes. Mas o especialista não pode ser subsumido por nenhuma destas duas categorias. Não é um sábio porque ignora formalmente tudo quanto não entra na sua especialidade; mas também não é um ignorante porque é um 'homem de ciência' e conhece muito bem a sua pequeníssima parcela do universo. Temos que dizer que é um 'sábio-ignorante', coisa extremamente grave, pois significa que é um senhor que se comporta em todas as questões que ignora, não como um ignorante, mas com toda a petulância de quem, na sua especialidade, é um sábio" (GASSET, 1970: 173-174). Oppenheimer irá chamar atenção para o desligamento que se verifica, por vezes, entre as "disciplinas especializadas que se desenvolveram como os dedos da mão: unidos na origem, mas já sem contato" (1955: 55). Mas, a despeito das diversas críticas, a hiperespecialização iria se tornar efetivamente uma das marcas dos meios acadêmicos a partir do século XX, terminando por gerar a contrapartida de um movimento alternativo em favor da interdisciplinaridade e da religação dos saberes. Cf. a obra coletiva organizada por Edgar Morin, 2001.

de enriquecimento para o nosso próprio campo de saber, no caso da História. Além do labirinto que é oferecido aos historiadores em um mundo partilhado por saberes diversos, há ainda a questão da multiplicação de linguagens que esta diversidade de saberes impõe.

De fato, é já antiga a percepção do problema de que, se cada ciência desenvolve sua própria linguagem, os esforços interdisciplinares devem cedo ou tarde se deparar com o problema da tradução de linguagens científicas[10]. Ao historiador, assim como a diversos outros profissionais ligados às Ciências Humanas, as imposições interdisciplinares pesam como exigência de que ele também se transforme em um tradutor de diversas linguagens, e em um alquimista capaz de incorporar os diversos dialetos científicos e aportes teóricos ao seu próprio repertório de possibilidades.

Entre todos os saberes, a História é a rainha da interdisciplinaridade. De um lado, se tudo é histórico, cada campo de saber tem a sua própria história, e também comporta inúmeros objetos históricos. Da Física à Moda, da Medicina à Antropologia, da Botânica ao Direito, abundam objetos de pesquisa a serem contemplados seja do ponto de vista do historiador que se coloca em registro interdisciplinar, seja do ponto de vista do praticante de outro saber que adentra a História com a sua pesquisa. De outro lado, uma vez que a própria História nunca cessou ou cessará de estender seus dentritos interdisciplinares para as outras disciplinas, muitos analistas já propuseram a ideia de que a História carece

---

10. Este problema é já secular. No século XVII Leibniz já se inquietava com o sonho de encontrar uma linguagem científica universal, e, em vários momentos, pensadores debruçaram-se em vão sobre este problema inquietante. Sobre isto, cf. Pombo, 1987; Oppenheimer, 1958.

de uma linguagem própria, construindo a sua a partir do repertório conceitual colhido de inúmeros outros saberes[11].

Na verdade, seria mais correto dizer que a linguagem da História é múltipla e híbrida. Sua própria natureza multifacetada lhe veda o direito de construir um castelo para abrigar um jargão secreto e único, a ser conhecido somente pelos seus iniciados, tal como ocorre com o "economês" ou com o linguajar jurídico. Jamais ouviremos falar do "historiês", da mesma forma como ouvimos falar (coloquialmente) do "economês", ou então de um determinado jargão médico que se conserva bem-guardado no interior de um castelo disciplinar[12]. Do ponto de vista discursivo, a História é como *Macunaíma*, o "herói sem-caráter" inventado por Mário de Andrade (1928). Seu repertório linguístico, aberto à assimilação de todos os saberes, torna-se por isso mesmo o mais complexo, ainda que também o linguajar simples da vida comum esteja incluído na sua palheta.

---

11. Diz-nos Antoine Prost, no capítulo relativo aos "conceitos" de suas *Doze lições sobre a História* (1996): "A História não cessa de pedir de empréstimo os conceitos das disciplinas afins: ela passa o tempo todo chocando os ovos alheios" (PROST, 2008: 126). Depois de diversos exemplos de como a História Política extrai conceitos da Ciência Política ou de como a História Econômica extrai todo um repertório de termos da palheta dos demógrafos e economistas, continua Prost: "Limitando-nos a esta primeira análise, fica a impressão de que a História não tem conceitos próprios, mas, de preferência, ela apropria-se do material oriundo de outras ciências sociais; na verdade, ela serve-se de um número enorme de conceitos importados" (PROST, 2008: 126).

12. Sobre a interessante temática dos jargões e das comunidades linguísticas específicas, cf. a coletânea organizada por Peter Burke e Roy Porter (1997), na qual se busca examinar nos seus diversos contextos sociais os dialetos e jargões criados e difundidos por diversos grupos sociais e profissionais, entre os quais os médicos, advogados e professores, mas também as sociedades secretas como a dos maçons, bem como grupos sociais marginalizados, tais como os dos ciganos e dos mendigos.

A linguagem da História, de fato, traz singularidades adicionais, não encontráveis em nenhum outro saber. Para já tocar em uma das questões que nos interessam – a da Escrita da História – devemos lembrar que os historiadores desenvolvem o seu discurso a partir de uma linguagem que combina a fala comum e o artifício literário, a isso acrescentando o uso de conceitos mais bem-elaborados, não raras vezes importados de outros campos de saber. Dito de outra forma, o discurso historiográfico deve entremear com habilidade três registros de comunicação: o da linguagem comum, o da elaboração artística, e o da sistematização científica. Além disto, a História lida não apenas com a fala de sua própria época, mas também com as falas das diversas outras épocas, estas com as quais os historiadores devem trabalhar em função de suas fontes e objetos de estudo. Daí resulta que o discurso final dos historiadores deverá ser, a um só tempo, cientificamente *interdisciplinar*, artisticamente *literário* e experimentalmente *multivocal*.

Cada um destes traços surge, de fato, como uma exigência disciplinar que precisa ser cumprida, ou como uma competência que precisa ser aprendida. Por um lado, o historiador em formação precisará aprender a ser um bom tradutor e incorporador das linguagens trazidas de outras esferas do conhecimento. Por outro lado, precisará se aperfeiçoar na multivocalidade – na escrita de um texto que traz em si as falas de outros tempos e dos diversos agentes sociais. Por fim, como veremos adiante, a este discurso já complexo deverá ser acrescentada uma elaboração literária – tarefa que não é menor. Eis, portanto, as exigências que pesam sobre os historiadores em formação. Tanto como pesquisador, assim como em relação à necessidade de elaborar o seu texto, há muita coisa a ser aprendida por aquele que forma sua identidade historiográfica, particularmente no que concerne aos múltiplos diálogos com outros campos de saber.

Apesar das monumentais exigências de diversificação que se têm colocado à comunidade de historiadores, o ensino de graduação parece vir resolvendo de modo adequado – ao menos no que se refere à faceta científica trazida à História como âmbito da pesquisa – o dilema do historiador que se depara com a percepção de que "tudo é história". Isto porque, se de um lado cada história é produzida individualmente, a História, como um todo, é uma produção coletiva. Vale dizer, o conjunto total da História, como campo de conhecimento, é uma produção da comunidade dos historiadores, na sua totalidade. Assim, se não é possível termos a figura do super-historiador, em uma época na qual o conhecimento se adensou para além de um ponto em que toda a sua diversificação possa ser percorrida confortavelmente por um único homem, ao menos podemos ter um ensino que abra todas as portas possíveis aos historiadores como um todo, de modo a produzir uma comunidade de historiadores mais completa, mais diversificada.

Os currículos universitários de História denominam de maneira variada as disciplinas que não fazem parte de sua grade obrigatória. Disciplinas "optativas", "eletivas", e outras designações mais, constituem certamente uma exigência imposta pelo tipo de formação que hoje se precisa oferecer aos estudantes de História. Além disto, deve-se aprender com a própria prática. O vínculo cada vez mais estreito entre ensino e pesquisa é uma exigência adicional imposta por esta diversificação que tem passado a ser cobrada da comunidade de historiadores. Aprende-se a lidar com listas de preços, ou com fontes iconográficas, quando se faz uma pesquisa. Nem sempre é possível transmitir ao historiador em formação, de maneira meramente expositiva, a diversidade de metodologias hoje disponíveis aos historiadores. Aqui vale também o antigo preceito: "aprende-se fazendo". Guardemos esta ideia para discussão posterior.

"Toda história é contemporânea"; "Toda história é local"
Devemos lembrar, ainda, que existem mais dois aforismos que também se impuseram cada vez mais à comunidade dos historiadores a partir do século XX. Ficou famoso este célebre dito de Benedetto Croce (1917), mais tarde retomado por Lucien Febvre (1953). "Toda história é contemporânea". Ao lado disto, como demonstrou Michel de Certeau em seu famoso e imprescindível texto *A operação historiográfica* (1974), podemos igualmente dizer que, de certa maneira, "Toda História é local", isto é, toda história é produzida de um *lugar* no qual o historiador necessariamente se inscreve, o que traz implicações sociais, institucionais, intertextuais, políticas, profissionais e inúmeras outras ao trabalho dos historiadores.

Esta percepção de que o historiador escreve de um lugar e de um tempo específicos, e de que este tempo-espaço redefine o conhecimento histórico que pode ser produzido pelo historiador, também trouxe as suas exigências ao ensino universitário de História. Além de estudar conteúdos diversos – espacialidades e temporalidades várias – uma conquista evidente dos currículos de graduação no decurso do século XX foi o fortalecimento das disciplinas ligadas à Teoria da História e à Historiografia. Não é possível formar um bom historiador sem levá-lo à prática da reflexão permanente sobre o seu próprio ofício, sobre a natureza do conhecimento histórico, sobre a historicidade da própria História. As disciplinas através das quais a História reflete sobre si mesma, e nas quais o historiador toma para objeto de pesquisa as obras dos próprios historiadores, as suas circunstâncias e os seus caminhos teóricos e metodológicos, podem ser apontadas como a pedra de toque no aprimoramento dos cursos de graduação, no que concerne à instância da História como campo de pesquisa.

Com o ensino da Historiografia, e com o oferecimento de disciplinas ligadas às mais variadas séries de temáticas históricas e de diálogos interdisciplinares, o moderno ensino de graduação parece ter tido êxito em dotar o historiador em formação das condições necessárias para que ele se situe confortavelmente diante da dimensão *pesquisa* da história. Atendo-nos aos currículos brasileiros – em geral orientados por recortes temporais, mas também atentos às perspectivas interdisciplinares –, não parece ser injusto dizer que temos formado bons pesquisadores de História. O recurso ao trabalho prático de pesquisa, ademais, complementa com maior especificidade aquilo que não pode ser oferecido em quatro anos de disciplinas curriculares.

Resta-nos, todavia, o segundo pilar da História. Se o historiador em formação tem se habilitado a se tornar um bom cientista, será que poderemos dizer que o ensino de História tem dado condições para que ele se torne também um habilidoso escritor, capaz de dar conta da dimensão artística da História? Ou, utilizando a metáfora à qual já me referi: se é claramente possível dizer que a formação histórica "anda bem de uma de suas pernas" – a da *pesquisa* – poderemos agora nos perguntar pela segunda parte deste movimento sem a qual a História não poderia caminhar. Andará bem a formação histórica da "perna da *escrita*"? Este é o ponto sobre o qual refletirei a seguir.

"A História é arte"

O quarto aforismo que evocarei permitirá que adentremos uma discussão dirigida para outro problema vital para a História, e que tem se tornado cada vez mais importante nas últimas décadas. Refiro-me ao fato de que "a História se escreve"[13]. Vale dizer, a História não corresponde apenas a um campo científico de pesquisas: ela é também uma arte, um modo de expressão, uma atividade que conduz à configuração de um gênero literário. O que é cientificamente pesquisado pelos historiadores, tal como se disse atrás, precisa ser apresentado em forma de texto por estes mesmos historiadores. Por isso os mesmos historiadores, mesmo os que não queiram, têm exigências estéticas a cumprir. Além de pesquisadores hábeis, e de formuladores de problemas historiográficos, os historiadores precisam escrever[14].

---

13. Este é, aliás, o título de um dos capítulos do conjunto de ensaios publicados por Antoine Prost com o título *Doze lições sobre a História* (São Paulo: Autêntica, 2008).

14. A ideia de que a História mais deveria se aproximar da arte do que da ciência já fora expressa por Nietzsche, que irá comparar o historiador-artista ao dramaturgo: "juntar tudo pelo pensamento, relacionar cada acontecimento particular ao conjunto da trama, com base no princípio de que é preciso introduzir nas coisas uma unidade de plano, quando na verdade ela aí não existe. É assim que o homem estende a sua teia sobre o passado e se torna senhor dele, é assim que se manifesta o seu impulso artístico" (NIETZSCHE, 2005: 121). • Cerca de um século depois destas proposições de Nietzsche, Paul Veyne, um historiador que se filia a Nietzsche através da influência de Michel Foucault, retomaria a ideia de que a História deveria ser essencialmente a composição de uma "trama". Esta proposição aparece no livro de Paul Veyne intitulado *Como se escreve a História* (1971), e precede em dois anos o polêmico ensaio de Hayden White sobre *A meta-história* (1973). • Também encontraremos algumas reflexões a respeito da recriação historiográfica em Duby (1994: 13-14) e, bem antes dele, em Croce (1893) e Collingwood (1946). De igual modo, Peter Gay desenvolve uma sistemática reflexão sobre a reconciliação entre arte narrativa e ciência da história (1990: 196).

Partamos da percepção de um sintoma importante. Nas últimas décadas temos assistido a um fenômeno editorial que tem perturbado de alguma maneira os meios historiográficos. Obras de História têm sido cada vez mais elaboradas por escritores que não são historiadores de formação, e muitas delas têm alcançado sucesso editorial impressionante em termos de vendagem de livros. Não tem sido rara, por exemplo, a afirmação editorial da figura do jornalista que se faz historiador e que conquista um amplo público para as suas realizações textuais na área de História[15]. Enquanto isso, as obras de História elaboradas por historiadores profissionais, com todo o rigor científico e a mais cuidadosa atenção aos procedimentos que são aprendidos através de uma formação de quatro ou cinco anos em cursos de graduação em História, por vezes despertam pouca ou menor atenção do grande público. No Brasil essa tendência tem se mostrado particularmente saliente. Qual é a raiz deste problema? Como pode o mesmo ser resolvido no âmbito do ensino de História?

Desde já, parece-me claro que os currículos de graduação em História não podem prescindir de oferecer, aos historiadores em formação, disciplinas que o habilitem a lidar mais artisticamente com a Escrita da História. Se a História, no âmbito da pesquisa, é elaborada por especialistas, no âmbito da produção de texto ela deve se voltar para públicos diversificados. O historiador não escreve apenas para a Academia.

---

15. Sobre as relações entre História e jornalismo, cf. ROMANCINI, R. "História e jornalismo: reflexões sobre campos de pesquisa". *28º Congresso Brasileiro de Ciências da Comunicação*. Rio de Janeiro, 2005. • LAVOINNE, Y. "Le journaliste, l'Histoire et l'historien: les avatars d'une identité professionnelle (1935-1991)". *Reseaux*, 51, 1992, p. 39-535.

E, mesmo quando faz isso, também pode buscar trazer, ao seu leitor acadêmico, uma leitura prazerosa, criativa, inovadora.

Há duas questões aí envolvidas. A Escrita da História pode almejar ser mais agradável, e também pode se empenhar em ser mais criativa. O último século assistiu a experiências importantes no âmbito da criação literária, particularmente no que se refere à escrita imaginativa. Os autores de romances, por exemplo, têm experimentado as mais inovadoras formas de entretecer suas narrativas. O tempo, por exemplo, é tratado pelos escritores de ficção de maneira criativa, permitindo idas e vindas, abrindo-se para a exploração do tempo psicológico, para a interação de ritmos temporais diversos. Na História, Fernand Braudel deu-nos, há muitas décadas (1949), o exemplo de um uso mais criativo do tempo na narrativa histórica, ao articular durações diversas sujeitas a diferentes ritmos temporais. De modo geral, contudo, é possível dizer que a escrita dos historiadores tem apresentado soluções relativamente modestas para o tratamento do tempo narrativo. Um modelo mais comum ressalta em uma parte significativa das obras de história, quase sempre envolvendo um tempo que se beneficia de um tratamento linear e progressivo, com um encaminhamento facilmente previsível e incapaz de surpreender o leitor.

O mesmo se pode dizer com relação à exploração dos múltiplos pontos de vista e de enunciação de uma narrativa. Enquanto os romancistas têm explorado com imensa criatividade as potencialidades polifônicas de um texto – e poderíamos aproveitar essa passagem para lembrar José Saramago, falecido recentemente –, a narrativa limitada pelo ponto de vista narrativo único ainda reina soberana, assim como os formatos tradicionais das teses e dissertações frequentemente parecem desautorizar a invenção literária como um atributo que mereceria ser cultivado pelos historiadores. Existem, é claro, inúmeras experiências recentes. Os micro-historiadores, por exemplo, têm colocado a questão da escrita final do texto como um aspecto crucial, que pode afetar inclusive o que será passado ao leitor acerca da pesquisa realizada pelo historiador. A escolha de um ou outro caminho narrativo, ou a opção por certa forma dada ao texto, também tem as suas implicações, inclusive para a própria dimensão da pesquisa histórica. A Micro-história, para seguirmos com este exemplo, tem se esmerado em avivar as implicações da forma literária em relação às instâncias da pesquisa historiográfica. Esforços como os dos micro-historiadores, e também de historiadores ligados a outras correntes historiográficas, têm de fato chamado a atenção para o fato de que pesquisa e escrita não são instâncias que se desenvolvem necessariamente em separado[16].

De todo modo, hoje como ontem, a massa de historiadores profissionais produziu grandes escritores, no sentido de produção do artefato literário da História. Os séculos XIX e XX foram pródigos em grandes historiadores com exímia

---

16. Para o caso da Micro-história, cf. o ensaio de Giovanni Levi para o livro organizado por Peter Burke sobre a *Escrita da História* (São Paulo: Unesp, 1992, p. 133-161). Levi chama atenção para o fato de que o modo de apresentar o texto também pode integrar a pesquisa, nela interferindo, sendo esta a tendência estilística mais presente entre os micro-historiadores (LEVI, 1992: 153-158). A questão dos modos de exposição desenvolvidos pelos micro-historiadores também é abordada por Jacques Revel ("Microanálise e construção social". *Jogos de escalas* – A experiência da microanálise. Rio de Janeiro: FGV, 1992, p. 34-38). Para um estudo bastante completo sobre *A micro-história italiana*, cf. o livro de Henrique Espada Lima que traz este mesmo título (Rio de Janeiro: Civilização Brasileira, 2006).

capacidade literária, e, hoje em dia, ainda é assim. No nível mais mediano constituído pela grande massa dos historiadores, contudo, penso que ainda se discute pouco a questão da escrita, do fazer literário implicado pela História. As teses e monografias não primam pela invenção literária, e tampouco a maior parte dos livros publicados pelos historiadores profissionais. Quero sustentar aqui a minha convicção de que os historiadores em formação precisam aprender técnicas literárias.

O historiador profissional precisa também se formar como escritor. Isso me parece imprescindível. Pergunto se tem sido dado um espaço importante, no currículo das graduações de História, à elaboração do texto – e, mais especialmente, do texto historiográfico. Se os historiadores profissionais não puderem se transformar em exímios escritores, estarão sempre ameaçados de perderem seu lugar, junto ao grande público leitor, para os profissionais de outras áreas que têm publicado trabalhos de História. Em uma palavra, é preciso que o historiador em formação seja habituado a enxergar a sua prática não apenas como uma ciência, mas também como uma arte. Esta exigência, contudo, traz complexidades adicionais. Refletiremos sobre uma delas em seguida.

A História é polifônica

Anteriormente, fiz menção a dois aforismos irmãos: o que diz que "Toda História é contemporânea", e o que diz que "Toda História é local". Esta última frase, contudo, expressa apenas parte de uma realidade a ser considerada. Se "toda história é local", daí decorre que existem muitas histórias, escritas a partir de muitos lugares diversificados. Utilizando outra metáfora, não seria descabido dizer que a História é enunciada por muitas vozes. Em uma palavra: "A História é polifônica". Este aforismo, que tem certo ar bakhtiniano, traz importantes implicações para a Escrita da História e para a operação historiográfica como um todo[17]. Perceber a possibilidade de uma escrita polifônica da História é trabalhar com a ideia de sua emissão simultânea por diversas vozes, mesmo que antagônicas, e também pensar a possibilidade de uma história que é narrada em ritmos diversos de tempo.

Sobre a possibilidade de pensar a simultaneidade de vozes na produção da História, há pelo menos duas maneiras de compreender que "a História é polifônica"[18]. Podemos, de

---

17. Tal como bem observa Cristóvão Tezza, a "polifonia", uma metáfora emprestada ao âmbito musical, consiste no "efeito obtido pela sobreposição de várias linhas melódicas independentes, mas harmonicamente relacionadas. Bakhtin emprega-a ao analisar a obra de Dostoievski, por ele considerada como um novo gênero romanesco – o romance polifônico" (TEZZA, 2002: 90). Em *Problemas da estética de Dostoievski* encontraremos estas palavras de Bakhtin a respeito da habilidade do romancista russo em realizar uma escrita polifônica: "A voz do herói sobre si mesmo e o mundo é tão plena como a palavra comum do autor; não está subordinada à imagem objetificada do herói como uma de suas características, mas tampouco serve de intérprete da voz do autor. Ela possui independência excepcional na estrutura da obra, é como se soasse ao lado da palavra do autor coadunando-se de modo especial com ela e com as vozes plenivalentes de outros heróis" (BAKHTIN, 1981: 3).

18. Há ainda uma terceira vertente que considera a multidiversificação da narrativa histórica, que é aquela que chama atenção para o fato de que a História deve constituir uma "escrita de narrativas", articulando diversos níveis, mas não é a este aspecto que estamos nos referindo aqui. Cf., para esta reflexão sobre a narrativa histórica que articula diversos níveis, o artigo de Bernard Bailyn: "The challenge of modern historiography" (*American Historical Review*, vol. 87, 1982, p. 1-24). Para Bailyn, as narrativas históricas devem ser simultaneamente histórias intelectuais, econômicas e sociopolíticas. Cf. tb. FONSECA, L.A. "As relações entre História e Literatura no contexto da atual crise da dimensão social da narrativa histórica". *Actas do Colóquio Internacional Literatura e História*. Vol. 1. Porto: [s.e.], 2004, p. 170.

um lado, reconhecer que cada voz social tem o direito de contar a sua história, isto é, de expor em linguagem historiográfica o seu ponto de vista. Haveria uma história a ser narrada por cada grupo social, por cada minoria, por cada gênero. No conjunto de trabalhos produzidos, chegaríamos a uma razoável "Polifonia de histórias". Mas existe ainda outra possibilidade. Podemos indagar se seria possível, a um mesmo historiador, ao escrever um mesmo trabalho, ter sucesso em expor a História sob diversos pontos de vista. Pergunta-se, portanto, se, ao admitirmos e reconhecer a polifonia de vozes que precisam produzir textos historiográficos, podemos entrever alternativas para além da mera soma de fragmentos que apenas realiza a possibilidade polifônica ao nível do conjunto da comunidade de historiadores[19]. Vale perguntar: Pode a polifonia ser trazida, através de recursos da escrita, para o interior de um mesmo texto ou obra historiográfica, produzido por um só historiador, por exemplo?

Enfrentar os limites tradicionais da narrativa tem sido um dos desafios dos historiadores nos dias de hoje. Os historiadores da Historiografia e os teóricos da história, nos últimos tempos, têm se ocupado, com especial atenção, deste

---

19. Os problemas pertinentes à fragmentação historiográfica foram evocados emblematicamente por François Dosse no célebre livro *A História em migalhas* (1987), que critica a chamada *Nouvelle Histoire* francesa, acentuando o seu distanciamento em relação às propostas da Escola dos *Annales*, embora os próprios historiadores franceses da Nova História quase sempre divulguem o discurso de que são os herdeiros diretos das duas primeiras gerações dos *Annales* (de Bloch e Febvre a Braudel), a exemplo do prefácio de Jacques Le Goff para a obra coletiva *A Nova História* (1978). Cf. tb., sobre a tendência francesa da Nova História, o ensaio de Philippe Carrard intitulado *Poetics of the New History* – French Historical Discourse from Braudel to Chartier. Baltimore/Londres: The John Hopkins University Press, 1992.

problema que se refere especificamente à Escrita da História. Habitualmente, o modelo de narração que tem sido abraçado pelos historiadores é o do ponto de vista unidirecional. Estejamos diante de uma "história narrativa" no sentido tradicional, ou de uma história que lide com análises de dados e quantificações, o que se vê no modelo praticado mais habitualmente pelos historiadores é aquele em que a voz do historiador – única e unidirecional – ergue-se acima de todos os personagens da trama, impondo-lhe um único direcionamento. Já se argumentou que este era o grande modelo narrativo do romance do século XIX.

Curiosamente, se o âmbito da pesquisa histórica multidiversificou-se a partir do século XX, acompanhando a intensa disponibilização de diálogos interdisciplinares e também as novas disponibilidades tecnológicas, o âmbito da narrativa histórica não parece ainda ter conquistado o seu salto quântico.

Embora a literatura moderna tenha sido pródiga em experimentos textuais durante todo o século XX, salta à vista o quão pouco experimental tem sido a narrativa histórica neste mesmo período. Seria permitido a um historiador moderno escrever como José Saramago ou Guimarães Rosa? O quanto poderiam os historiadores ainda aprender com a escrita polifônica de Dostoievski, tão bem-analisada por Mikhail Bakhtin?[20] Poderíamos ainda nos perguntar: A Academia abre possibilidades e motivações para que os historiadores mobilizem recursos poéticos na escrita de seus textos? Como lidar com o tempo, para além das possibilidades unidirecionais que habitualmente são escolhidas e administradas pelos historia-

---

20. BAKHTIN, M. *Problemas da poética de Dostoievski*. Rio de Janeiro: Forense, 2008.

dores profissionais? Como lidar criativamente com a parte de "artefato literário" que é inerente à história, coadunando-a à dimensão de cientificidade que lhe é trazida pela pesquisa?[21]

Apenas para mencionar uma das questões acima evocadas – a da temporalidade e seus usos pelo historiador – tem-se notado que residem na própria linearidade dos modos narrativos habituais alguns dos entraves que mais costumam se contrapor às possibilidades de uma escrita polifônica da História[22]. Pode-se perceber, de todo modo, que a partir dos anos de 1980 começam a aparecer algumas ousadias criativas relacionadas a novas formas de tratar o tempo. Escrever polifonicamente é também superpor e imbricar temporalidades, invertê-las, entrecruzá-las, trabalhar com distintos ritmos de tempo. Nas últimas décadas alguns historiadores têm assumido a missão de serem pioneiros na incorporação de técnicas narrativas introduzidas pela literatura e pelo cinema moderno, e ousaram retomar a narrativa historiográfica – acompa-

---

21. Entre trabalhos recentes que têm discutido esta questão, cf. o ensaio de Hans Robert Jauss intitulado "L'usage de la fiction en histoire" e escrito para o dossiê da revista *Le Débat*, n. 54, mar.-abr./1989, p. 81ss. Paris: Gallimard. O mesmo dossiê conta com artigos importantes sobre a relação entre História e Literatura, tal como o artigo de Natalie Davis "Du conte et de l'histoire". *Le Debat*, n. 54, mar.-abr./1989, p. 140ss. Paris: Gallimard.

22. Renajit Guha – um historiador sul-asiático que tem desempenhado um papel importante nos chamados "estudos de grupos subalternos" – discute o problema de que uma certa manipulação do texto historiográfico a favor de determinados grupos sociais, mesmo que involuntária, pode estar visceralmente inscrita no próprio "padrão linear e unidirecional de escrever a História" seguido pelo historiador. Ele discute algumas situações bastante elucidativas no ensaio *History at the Limit of Word-History* (Colúmbia: Columbia University Press, 2002), e tb. no artigo "The Small voice of History", publicado na série dos *Estudos subalternos* em 1996.

nhando o grande movimento de revalorização da narrativa na história[23] – mas cuidando particularmente de assegurar a libertação em relação a uma determinada imagem de tempo mais linear ou mais fatalmente progressiva na apresentação de suas histórias (ou seja, na elaboração final dos seus textos).

Uma tentativa, citada por Peter Burke em artigo que examina precisamente os novos modelos de elaboração de narrativas[24], é a de Norman Davies em *Heart of Europe*. Nesta obra o autor focaliza uma História da Polônia encadeada da frente para trás em capítulos que começam no período posterior à Segunda Guerra Mundial e recuam até chegar ao período situado entre 1795 e 1918 (DAVIES, 1984)[25]. Trata-se, enfim, não apenas de uma história investigada às avessas, como também de uma história representada às avessas. Outras tentativas são recolhidas por Peter Burke neste excelente apanhado de novas experiências de elaborar uma narrativa ou descrição historiográfica. As experiências vão desde as histórias que se movimentam para frente e para trás e que oscilam entre os tempos público e privado[26], até as experiências de captação do fluxo mental dos agentes históricos ou de expressão de

---

23. Cf. como marco para o retorno da narrativa o célebre artigo de Lawrence Stone, escrito em 1979 para a revista *Past and Present*.

24. BURKE, P. "A história dos acontecimentos e o renascimento da narrativa". *A Escrita da História*: novas perspectivas. São Paulo: Unesp, 1992, p. 327-348.

25. Esta e algumas das referências que se seguem devem ser creditadas ao artigo supracitado de Burke.

26. Alguns exemplos podem ser encontrados nas obras sobre a China do historiador Jonathan Spence: *Emperor of China*, 1974; *The Death of Woman Wang*, 1978; *The Gate of Heavenly Peace*, 1981; *The Memory of Palace of Matteo Ricci*, 1985.

uma "multivocalidade" que estabelece um diálogo entre os vários pontos de vista[27], sejam os oriundos dos vários agentes históricos, dos vários grupos sociais, ou mesmo de culturas distintas[28].

Todas estas experiências narrativas pressupõem formas criativas de visualizar o tempo, ancoradas em percepções várias como as de que o tempo psicológico difere do tempo cronológico convencional, de que o tempo é uma experiência subjetiva (que varia de agente a agente), de que o tempo do próprio narrador externo diferencia-se dos tempos implícitos nos conteúdos narrativos[29], e de que mesmo o aspecto progressivo do tempo é apenas uma imagem a que estamos acorrentados enquanto passageiros da concretude cotidiana, mas que pode ser rompida pelo historiador no ato de construção e representação de suas histórias. Esta ousadia de inovar na representação do tempo, de transcender a linearidade habitual a partir da qual o vemos, pode ser também aprendida por aquele que adentra o mundo da formação historiográfica, e o papel da interdisciplinaridade com a literatura mostra-se

---

27. Como exemplo deste tipo de experiência, Peter Burke cita a obra de Richard Price, na qual o autor constrói um estudo do Suriname setecentista a partir de quatro vozes que são simbolizadas por quatro padrões tipográficos (PRICE, R. *Alabi's World*. Baltimore: John Hopkins University Press, 1990). Cf. BURKE. Op. cit., p. 337.

28. Referência para o estudo do encontro de culturas, abordado no sentido de conceder uma exposição de dois ou mais pontos de vista culturais, encontra-se nas obras de Marshall Sahlins, que estudou as sociedades do Havaí e das Ilhas Fiji (SAHLINS, 1981).

29. Hayden White chama atenção para a questão da descontinuidade entre os acontecimentos do mundo exterior e a sua representação sob a forma narrativa no artigo "The Burden of History", escrito para a revista *History and Theory* (1966).

aqui indispensável para completar a aquisição de mais esta competência necessária ao historiador profissional, o que desde já nos leva mais uma vez às relações entre escrita da História e ensino de História em nível de graduação.

Para além da possibilidade de percorrer o tempo de novas maneiras, é igualmente importante a experimentação voltada para a apreensão polifônica do mundo histórico. Não basta ao historiador reconhecer no mundo histórico os seus diversos personagens, portadores de posições ideológicas independentes, se, ao final da construção narrativa do historiador, estes personagens terminam por expressar, no seu conjunto de interações contraditórias, apenas uma única ideologia dominante. Na verdade, tal como ressalta Mikhail Bakhtin, todo texto é "dialógico", no sentido de que se organiza no interior de uma rede de intertextualidades e de que "resulta do embate de muitas vozes sociais"[30]. Contudo, tal como observa Diana Luz Pessoa de Barros (1994: 6), ainda que irredutivelmente dialógicos, os textos podem produzir "efeitos de polifonia", "se algumas dessas vozes se deixam escutar"; e podem, ao contrário, seguir produzindo um efeito de monofonia, "quando o diálogo é mascarado e uma voz, apenas, faz-se ouvir".

Os historiadores, ainda que acostumados a administrar nos seus textos as diversas vozes sociais, nem sempre se empenham em transcender a escrita monódica. Para que possa se realizar, por um lado a escrita polifônica precisa ser desejada (já que nem todos estão dispostos a abrir mão de um pensamento único). Por outro lado, o escrever

---

[30]. Sobre isto, cf. BAKHTIN, M. *Marxismo e Filosofia da Linguagem*. São Paulo: Hucitec, 2004, p. 123.

polifônico também precisa ser aprendido. Podemos nos perguntar, neste momento, se a formação básica do historiador tem lhe proporcionado este aprendizado.

Esta questão, particularmente importante, leva-nos a um novo eixo de discussões. Como fornecer ao historiador em formação, através do ensino de graduação em História, as competências que o habilitarão a também ser um experimentador de novos modos de narrar a história, ou de expor os problemas historiográficos? Não será importante, para o historiador em formação, o estudo da literatura – não apenas como fonte histórica, mas também como campo de recursos a serem incorporados ao *metier* historiográfico de construção textual? O hábito de ler obras de literatura imaginativa, neste sentido, não poderia ser um elemento importante para a formação do historiador? O currículo de graduação em História não deveria contemplar – e agora como crédito obrigatório – pelo menos uma disciplina que trabalhasse com invenção literária, com os recursos diversificados da narrativa e da arte da descrição que têm sido mobilizados na literatura?

Os aprendizados relacionados a novas formas de escrever a narrativa histórica, e mesmo as ousadias mais surpreendentes, podem ser desenvolvidos pelo historiador em formação não apenas a partir do exemplo dos literatos ligados à ficção, mas também dos próprios historiadores que trabalharam com a experimentação narrativa. O campo da Micro-história, entre outros, tem oferecido à comunidade acadêmica exemplos importantes de experimentação textual na Historiografia. Entre outras coisas, a preocupação dos micro-historiadores em evitar generalizações simplificadoras os leva muito habitualmente a investir em novos modos de estruturação do texto, que nem sempre coincidem com os que têm sido empregados pela historiografia tradicional. Com relação a isto, não é raro que os micro-historiadores experimentem efetivamente novos modos de exposição textual.

A Micro-história tende a trabalhar com a ideia de que expor o texto de uma determinada maneira é favorecer certa maneira de ver, e por isto alguns dos principais expoentes deste novo modo de abordar a História costumam dar tanta importância aos aspectos mais propriamente literários de suas narrativas ou sínteses históricas. Se suas fontes são inquéritos judiciais, ver-se-ão tentados a experimentar o modelo do inquérito na própria elaboração de seu trabalho final: deixarão que o leitor vivencie simultaneamente a experiência de inquisidor e inquirido, do investigador criminal e do réu suspeito, porque isto favorecerá a percepção do dialogismo contido nas suas fontes, bem como a apreensão do entrechoque das muitas versões contrapostas e a possibilidade de tirar partido precisamente destas contradições. Se sua investigação examina as vozes dos vários atores sociais que intervêm em determinada configuração histórica a ser examinada, talvez se sintam à vontade para explorar a possibilidade de escrever um texto mais propriamente polifônico, no qual, como já se disse, o ponto de vista vai se deslocando ao invés de ser apresentado como um ponto de vista unificado por um narrador exterior que seria o historiador. Se estão trabalhando com certo regime de imaginário, não hesitarão em explorar as próprias imagens que aparecem neste regime como núcleos motivadores para seus capítulos. Natalie Davis, autora da polêmica obra *O retorno de Martin Guerre* (1983)[31], não se sentiu constrangida em dar um tom novelesco à sua narrativa sobre um pequeno, mas curioso acontecimento, que abalara uma pequena aldeia italiana do século XVI. Em *Indagações sobre Piero*, o micro-historiador italiano Carlo Ginzburg adota propositalmente a forma do inquérito policial (GINZBURG, 1989). As experiências estão abertas.

Assim, pode-se dizer que existe uma tendência em alguns dos micro-historiadores a incorporar ao seu modo de enunciar – ou de registrar, em texto, o conhecimento histórico produzido – as idiossincrasias ou mesmo as limitações da documentação com a qual trabalha, e também os procedimentos da pesquisa propriamente dita, e até mesmo as suas hesitações e tateamentos (que a Macro-história tradicional costuma afastar da vista do leitor, como se empurrasse uma poeira incômoda, que não pôde ser varrida, para debaixo do tapete).

Dito de outra forma, o micro-historiador costuma trazer a nu tanto as contradições e imprecisões de suas fontes como

---

31. O extraordinário sucesso editorial de *O retorno de Martin Guerre* (1983) pode ser atribuído, ao menos em parte, ao estilo narrativo adotado por Natalie Davis, que alia a cientificidade trazida por uma densa pesquisa documental à arte de uma escrita instigante bastante próxima do romance histórico. Esta dupla combinação de ciência e arte permitiu que Natalie Davis seduzisse tanto o público acadêmico como o grande público não especializado. Por outro lado, outro elemento que se incorporou ao sucesso editorial do livro foi a realização do filme homônimo, dirigido por Daniel Vigne no ano anterior, e que contara com a participação da própria Natalie Davis no roteiro e nas filmagens. De todo modo, ao escrever o livro, Natalie Davis foi muito além do filme do qual participara, e pretendeu dotar de um "sentido histórico" que escapara ao filme esta romanesca história real do século XVI, que estava particularmente bem-documentada por um processo judicial.

as limitações de sua prática interpretativa, não se preocupando em ocultar as técnicas de persuasão que está utilizando e até mesmo declarando os pontos em que se está valendo de raciocínios conjecturais. Ele deixa claro, poderíamos dizer, o que há de construtivo nas suas construções interpretativas. Enquanto isto, o modo de narrar da Macro-história tradicional tende a apresentar as suas interpretações sob a forma de uma verdade que é enunciada objetivamente e de fora, ou pelo menos esta tem sido uma crítica muito presente, entre os micro-historiadores, ao modelo tradicional.

Estas experiências em nível de construção final do texto micro-historiográfico não constituem uma regra, repetimos, mas apenas uma tendência – e por isso mesmo talvez fosse o caso de introduzir nos currículos de graduação disciplinas que favorecessem a experimentação literária na escrita historiográfica. De igual maneira, as possibilidades de desenvolver uma escrita polifônica, e de produzir uma história dialógica, também precisam ser trazidas para a formação histórica em nível de graduação.

Conforme se disse anteriormente, a escrita polifônica, tal como a entendeu Mikhail Bakhtin em seus estudos sobre o romance moderno, pressupõe que o narrador se coloque em posição dialógica em relação aos sujeitos narrativos que a sua escrita busca administrar. O autor dialógico seria aquele que, em alguma medida, não refreia a autonomia dos seus personagens, deixando que os seus discursos surjam e se manifestem sem que se tornem meros anexos de seu próprio discurso de narrador-onisciente, e sem que todos estes discursos apenas confirmem, monodicamente, a direção única que o autor pretende trazer para a sua narrativa.

Um texto dialógico – e, mais do que dialógico, "polifônico" – deve ser habitado por uma *"multiplicidade de vozes e de consciências independentes"* (BAKHTIN, 1981: 2). Que experiências têm feito os historiadores para avançar em um modo polifônico de escrever a história? O que os historiadores em formação podem aprender com estes mestres? Seria possível ampliar o alcance dos currículos de graduação em História também para estas questões, oferecendo aos historiadores em formação disciplinas relacionadas mais especificamente à Escrita da História?

"A História é multimidiática"

A ideia de que a História é também uma arte, e de que o historiador precisa preocupar-se com os modos de apresentação do seu trabalho, leva-nos a um último conjunto de reflexões, para além do espírito experimentador que poderá contribuir para renovar a escrita textual propriamente dita. Perguntar-nos-emos agora se estará a História inevitavelmente atrelada ao modelo de apresentação textual em forma escrita, ou se poderão os historiadores se beneficiar de outros modos de apresentar o seu trabalho. Como poderá o historiador se valer do cinema, da fotografia, dos meios midiáticos?

Quando atentamos para o rápido desenvolvimento da tecnologia e dos modos de expressão, começamos a pensar se não seria interessante refletir sobre as potencialidades da História relativamente aos tipos de suporte que estariam à disposição dos historiadores no futuro. Uma vez que o historiador já se tem familiarizado com fontes ligadas a outros suportes que não o textual, não será possível ele mesmo, na produção de seu próprio texto, incorporar esta linguagem que a ele se torna familiar através da pesquisa e da própria elaboração de seu produto historiográfico? Será o formato livro o único destino de um bom trabalho historiográfico? Não será possível trazer novos suportes para a História, para além do "escrito", tais como a *Visualidade* – incluindo a fotografia e o cinema – a *Materialidade*, convocando uma maior parceria entre historiadores, museólogos, arquitetos, ou ainda a *Virtualidade*, chamando mais intensamente à História os recursos da Informática? Assistiremos nas próximas décadas à possibilidade de teses de História apresentadas em formato de vídeo ou DVD, ao invés do tradicional formato-livro? Ao lado disso, como os currículos de graduação poderão contribuir para que os historiadores em formação tenham possibilidade de desenvolver estas novas competências que lhes serão exigidas pela sua profissão?

Com base nestas expectativas, imagino a possibilidade de surgimento ou fortalecimento de novas modalidades historiográficas que seriam definidas por novos tipos de suporte e novas possibilidades expressivas. Três propostas para o novo milênio, para além da História Escrita, seriam a História Visual, a História Material e a História Virtual.

Para além do texto escrito: novos corpos para a Escrita da História (o visual, o material e o virtual)

Quando me refiro a uma História Visual, não estou pensando em uma História da Visualidade – que trabalhe com fontes históricas ligadas à visualidade, ou mesmo com fontes de outros tipos, mas que permitam apreender a instância visual de uma sociedade. Estes campos de possibilidades, tal como já mencionei na primeira parte desta conferência, já começou a ser bem percorrido pelos historiadores nas últimas décadas do século passado, na mesma medida em que ocorreu uma expansão das suas fontes e objetos de estudo. Deste modo, uma História da Visualidade definida nestes termos não seria mais uma novidade, ainda que muitos caminhos ainda precisem ser percorridos pelos historiadores para ultrapassar um estágio ainda rudimentar seja de utilização de fontes históricas visuais, seja de apreensão da instância visual de uma sociedade em todas as suas implicações[32]. Tampouco me refiro aqui ao uso, já bem mais frequente, que os historiadores têm feito da imagem como fonte histórica, isto é, esta apropriação pela Historiografia das fontes imagéticas – sejam elas

---

[32]. A História da Imagem é um campo que já vem sendo percorrido por historiadores e antropólogos. Para balanços da questão podem ser consultadas duas obras mais gerais: 1) FREEDBERG, D. *The power of images* – Studies in the history and theory of response. Chicago: The University of Chicago Press, 1989. 2) DEBRAY, R. *Vie et mort de l'image* – Une histoire du regard en Occident. Paris: Gallimard/Folio, 1992. Estudos de "História da Imagem" voltados para épocas e problemas mais específicos foram assinalados por Ulpiano Bezerra de Meneses em seu balanço do problema, publicado no artigo "Fontes visuais, cultura visual, história visual" (2003). Para o desenvolvimento da Antropologia Visual, podemos lembrar que foi fundamental ultrapassar a instância da mera apreensão da imagem que se coloca como percepção de um "invisível social" através do "visível" trazido pela imagem, à maneira de fontes visuais que revelam a sociedade que as produziu, para se adentrar também a ideia de que a visualidade é ainda um discurso, sendo por isso necessário estudá-la no âmbito da interação entre "observador e observado" (MENESES, 2003: 22). Um clássico para pontuar este deslocamento pode ser encontrado na "Antropologia do Olhar" de Alain Gauthier (*Du visible au visuel* – Anthropologie du regard. Paris: PUF, 1996). Com relação à imagem examinada no âmbito das histórias da arte (o que deve se distinguir da História da Imagem no sentido aqui proposto), existe uma rede mais vasta de obras, remontando mesmo a séculos anteriores.

pinturas, fotografias, ou quaisquer outras – como meios para apreender questões diversas da história social[33].

Neste momento estou me referindo mesmo a uma "história visual", ou audiovisual, que incorpore a visualidade e possivelmente inclua a sonorização e a música como suportes mesmo, como meio principal para a transmissão dos resultados de uma pesquisa histórica e como recursos para a produção do próprio discurso do historiador[34]. O visual, que já vem frequentando a

---

[33]. Michel Vovelle, em seu livro *Imagens e imaginários da História*, chama atenção para esta distinção entre fazer uma "História das Imagens" e uma "História *com* as Imagens" (Trad. bras.: VOVELLE, M. *Imagens e imaginário na História* – Fantasmas e certezas nas mentalidades desde a Idade Média até o século 20. São Paulo: Ática, 1997).

[34]. Estamos utilizando aqui uma definição distinta, para "História Visual", daquela que é encaminhada por Ulpiano Bezerra de Meneses em seu artigo sobre o tema: "A solução está em definir a unidade, a plataforma de articulação, o eixo de desenvolvimento numa *problemática histórica* proposta pela pesquisa e não na tipologia documental de que ela se alimentará. As séries iconográficas (porque é com séries que se deve procurar trabalhar, ainda que se possam ter imagens singulares que funcionem como pontos de condensação de séries ideais) não devem constituir objetos de investigação em si, mas vetores para a investigação de aspectos relevantes na organização, funcionamento e transformação de uma sociedade. Dito com outras palavras, estudar exclusiva ou preponderantemente fontes visuais corre sempre o risco de alimentar uma 'História Iconográfica', de fôlego curto e de interesse antes de mais nada documental. Não são, pois, documentos os objetos da pesquisa, mas instrumentos dela: o objeto é sempre a sociedade. Por isso, não há como dispensar aqui, também, a formulação de *problemas históricos* para serem encaminhados e resolvidos *por intermédio de fontes visuais*, associadas a quaisquer outras fontes pertinentes. Assim, a expressão 'História Visual' só teria algum sentido se se tratasse não de uma História produzida a partir de documentos visuais (exclusiva ou predominantemente), mas de qualquer tipo de documento e objetivando examinar a *dimensão visual* da sociedade. 'Visual' se refere, nessas condições, à sociedade e não às fontes para seu conhecimento – embora seja óbvio que aí se impõe a necessidade de incluir e mesmo eventualmente

Continua

palheta dos historiadores como objeto e como fonte histórica, poderia passar a ser incorporado também como meio de expressão, como recurso através do qual se produz o próprio discurso historiográfico. Certamente que, para tal fim, seriam necessários os já mencionados enriquecimentos no currículo das graduações de História, e desta forma o historiador poderia pensar em adquirir conhecimentos mais sólidos de fotografia, programação visual, cinema, ou mesmo música, para o caso mais específico da incorporação da sonoridade[35].

Um aprendizado importante pode ser extraído do cinema, do qual o historiador tem até então se valido como objeto e como fonte histórica. Completar a relação cinema-história no sentido de que o historiador também se aproprie do cinema como um "meio" pode vir a se constituir em mais um passo na expansão de possibilidades historiográficas[36].

---

privilegiar fontes de caráter visual. Mas são os *problemas visuais* que terão de justificar o adjetivo aposto à 'História'" (MENESES, U.B. "Fontes visuais, cultura visual, história visual – balanço provisório da questão". *Revista Brasileira de História*, vol. 23, n. 45, jul./2003, p. 11-36. São Paulo).

35. Em seu artigo, Ulpiano bezerra de Meneses chama atenção, inclusive, para o fato de que – mesmo no que se refere ao pretenso uso da imagem como fonte histórica – tem predominado amplamente uma tendência ao uso ilustrativo da imagem: a imagem meramente confirmando o que é enunciado por outras fontes. Essa questão já fez parte de um importante alerta de Ginzburg no ensaio "De A. Warburg a E.H. Gombrich: notas sobre um problema de método" (GINZBURG, C. *Mitos, emblemas e sinais*. São Paulo: Companhia das Letras, 1991, p. 41-93).

36. A expressão "cinema-história" foi criada por Marc Ferro, um dos pioneiros nos estudos do cinema pelos historiadores. A expressão busca precisamente abarcar esta reciprocidade, esta interação entre os dois polos. Alguns dos ensaios e estudos de Marc Ferro sobre o cinema acham-se publicados no livro *Cinema e História* (1992).

É evidente, por um lado, que os cineastas já se apropriaram com grande eficiência da História, e já contam nas suas equipes técnicas com historiadores quando estão empenhados em produzir filmes históricos, ou mesmo filmes de ficção que se projetem de alguma maneira no passado. Mas não estaria aberta, neste novo milênio, a possibilidade para que não apenas os cineastas se apropriem da História, como também os historiadores se apropriem do cinema? Não poderiam os historiadores tomar a si o caráter diretivo de grandes trabalhos historiográficos que tragam como suporte o cinema, e, nesta perspectiva, não seria o caso de trazer o cineasta para a equipe técnica do historiador, e não o contrário?

O mesmo pode ser pensado com relação a outros recursos de visualidade, como a fotografia. Imagino, por exemplo, neste mundo no qual o meio ambiente sofre aceleradas transformações, a interconexão possível entre História Visual e História Ambiental. Não deveria o historiador – trabalhando também em um registro para a produção da memória – comandar a produção sistemática de fotografias do meio ambiente, já escrevendo através da visualidade a sua própria leitura histórica do meio ambiente nas suas mudanças através do tempo, mas também disponibilizando fontes visuais importantes para gerações futuras de historiadores?

Empresa similar, já relacionada a um possível campo que poderia ser denominado História Material, corresponderia ao tipo de história que o historiador poderia elaborar, mais frequentemente do que já ocorre, em parceria com museólogos – organizando exposições fixas ou temporárias que materializassem a discursividade histórica através da cultura material. Ao invés de uma narrativa ou análise textual, também a visualidade e a materialidade poderiam vir a se tornar elementos-chave para o discurso crítico e analítico do historiador. De igual maneira, a parceria com arquitetos poderia confluir para a produção historiográfica de maquetes de cidades projetadas em certos períodos do passado, ou mesmo – para retomar a conexão com a história ambiental e ecológica – poderia se pensar também no registro material de ambientes não urbanos. Tudo isto, de todo modo, pressupõe novas competências curriculares e novas ofertas intradisciplinares aos historiadores em formação. Uma solução adicional seria ampliar a reciprocidade de ofertas de disciplinas intracursos, envolvendo a História, a Arquitetura, a Museologia.

Os recursos virtuais, por fim, que apenas mais recentemente começaram a ser utilizados de maneira mais intensa e sistemática pelos historiadores, poderão também contribuir para a renovação dos meios de expressão à disposição dos historiadores. De fato, um desdobramento lógico da familiarização com as fontes virtuais e com os recursos computacionais é o aprendizado prático que futuramente poderá levar o historiador a se utilizar da virtualidade como meio para a produção de seu próprio discurso. Assim, percebemos que ainda não cessou a expansão da história em termos de multiplicação de seus campos históricos. Um último campo histórico que se abre como possibilidade historiográfica para o futuro, relativamente aos processos de escrita da História, seria precisamente o da História Virtual.

História Virtual

É um truísmo dizer que todos os campos de conhecimento e expressão foram revolucionados pelo surgimento da internet como meio de comunicação e de produção ou divulgação de textos, afora o estabelecimento do computador como poderosa ferramenta capaz de acelerar e integrar operações de pesquisa, quantificação e outras[37]. Também para a História, a internet e os recursos computacionais mostraram-se tão impactantes e prenhes de novas possibilidades, que se chegou mesmo a dizer que "o historiador do futuro seria programador, ou não seria mais historiador"[38]. Talvez cada um dos historiadores deste próximo milênio não precise necessariamente se tornar um programador, como pensava Le Roy Ladurie, mas já se observou com acerto que, pelo menos na situação ideal, cada historiador não se poderá furtar à tarefa de se converter pelo menos em "usuário avançado" dos recursos computacionais e da rede mundial de computadores[39].

Para o que nos interessa nesta palestra, entendo aqui que também haveria um conjunto muito rico de alternativas

---

37. Para uma pequena história da internet, cf. MARTINEZ DE VELASCO, A. "La historia contemporânea em internet". *Espacio, tiempo y forma*. Vol. VIII. Madri: Uned, 1995, p. 331-383. Sobre o impacto da internet nas sociedades contemporâneas, cf. CASTELLS, M. *A era da informação*: economia, sociedade e cultura. São Paulo: Paz e Terra, 1999.

38. A frase aparece em *Território do historiador*, de Emmanuel Le Roy Ladurie (Paris: Gallimard, 1973, p. 74), em uma época em que a internet e a disponibilização de microcomputadores para usuários comuns ainda não constituíam a realidade incontestável de hoje. Mas já naqueles anos de 1970 estavam disponíveis e eram evidentes os recursos de utilização do computador como meio para armazenar dados, quantificá-los, criar tabelas e bases de dados, serializar informações, empreender cálculos e trabalhar com correlações.

39. É o que nos diz Julio Aróstegui no capítulo sobre "A formalização e a informatização" de seu denso manual *A pesquisa histórica* (Bauru: Edusc, 2006, p. 555): "O historiador não precisa, para tirar partido da informática, ser programador de software, mas é conveniente que seja, pelo menos, o que se denomina hoje um 'usuário avançado'".

para o desenvolvimento e fortalecimento de uma modalidade de História Virtual que poderia ser definida pelo seu recurso mais direto à informática e aos meios virtuais, não apenas como ferramenta auxiliar, mas também como ambiente e meio para a própria escritura da História[40]. Estava imaginando, para dar um exemplo, uma possibilidade que poderia ser tomada a cargo por historiadores. Trata-se de um projeto que poderia se encaixar dentro de uma espécie de História Virtual Multiautoral.

Conhecemos, nos dias de hoje, a chamada Wikipédia – que basicamente é um conjunto de textos construídos a muitas mãos (ou muitas teclas), sem autoria e submetidos a permanentes alterações que podem ser implementadas por qualquer participante da rede mundial de computadores. No que tange ao conhecimento histórico, a Wikipédia apresenta textos bem aceitáveis, mas também um número ainda maior de textos que não têm utilidade historiográfica porque nem sempre foram produzidos por historiadores profissionais ou estudiosos confiáveis, e tampouco dentro dos critérios aceitos pela Historiografia profissional.

---

40. Uma boa revisão de textos sobre o uso do computador como ferramenta de pesquisa pode ser encontrado em BURTON, O.V. "Quantitative Methods for Historians". *A Review Essay* – Historical Methods, vol. 25, n. 4, 1992, p. 181-188. Para uma discussão inicial sobre as possibilidades de interação entre História e o campo virtual, cf. SÁ, A.F.A. "Admirável campo novo: o profissional de história e a internet". *Revista Eletrônica Boletim do Tempo*, ano 3, n. 07, 2008. Rio de Janeiro. Sobre os cuidados necessários ao historiador diante dos amplos espaços digitais e possibilidades oferecidas pela web, cf. SCHRUM, K. "Surfing for the Past: How to Separate the Good from the Bad". *AHA Perspectives*, mai./2003. Para as questões envolvendo este novo campo e o ensino de profissionais de História, cf. MULLINGAN JR., W.H. "Electronic Resources and the Education of History Professionals". *The History Teacher*, vol. 34, n. 4, ago./2001, p. 523-529.

Minha ideia é que poderia ser elaborada uma Enciclopédia Historiográfica Virtual a que só tivessem acesso, como autores, os historiadores que comprovassem sua formação ou conhecimento historiográfico. Inseridos no sistema, uma multidão de historiadores poderia trabalhar a elaboração espontânea de grandes textos virtuais, multiautorais, sobre os diversos temas pertinentes à Historiografia dos vários períodos. Todos os textos desta Enciclopédia Virtual Multiautoral – à qual teriam acesso todos os frequentadores da internet – seriam certamente confiáveis face a suas condições de produção estritamente historiográficas, e poderiam ser checados regularmente por equipes específicas de historiadores para verificar a precisão de suas informações e a validade de suas análises.

Essa ideia, não sei se já foi tentada ou se está sendo realizada, mas, se não foi, apresento como uma sugestão para os que puderem realizá-la. Estaríamos diante das possibilidades de criação de um projeto que abriria caminhos no interior de uma nova modalidade historiográfica, que estaria relacionada com a História Virtual, e que através da sua realização estaria questionando a obrigatoriedade da fixidez textual e da autoria única como aspectos necessários da Escritura da História. Neste caso, a própria multivocalidade de uma escrita polifônica, à qual nos referíamos atrás, poderia ser trazida, através dos recursos visuais, para a questão da autoria historiográfica, e teríamos de fato um texto construído a muitas mãos e incluidor de inúmeras vozes, concretizando a possibilidade de uma verdadeira "polifonia historiográfica".

De fato, este empreendimento estaria permitindo algo novo no que se refere a duas características que foram apresentadas pela História até hoje, pelo menos o tipo de história que se escreveu no decorrer da história da civilização ocidental. A História, até os dias de hoje, parece ter mantido incólumes dois traços muito fortes de identidade: a "autoria declarada e única" (um autor singular e específico que escreve o texto) e a "fixidez textual" – ou seja, o fato de que aquilo que foi escrito fica imobilizado para ser lido sempre da mesma maneira. Mas será necessário que sempre, e em todos os momentos, seja assim?

Além disso, outro recurso interessante proporcionado pela virtualidade, e que pode vir a ser aproveitado para uma escrita histórica futura, é a possibilidade de criar links – entradas para um labirinto que pode ser percorrido pelo leitor, ele mesmo tornando-se, desta maneira, uma espécie de coautor que produz a sua própria leitura criativa da obra historiográfica que lhe foi apresentada como caminho.

Há ainda possibilidades outras, tais como o aproveitamento da estrutura de "chat" para a criação de textos dialógicos, que depois poderiam ser transformados em livros (livros tradicionais ou digitais). Os progressos em termos de simulação holográfica ou de projeção do usuário no interior de um ambiente virtual, à maneira das possibilidades que foram bem-ilustradas pelo filme *Matrix* e tantos outros, pode também proporcionar um campo inesgotável de criação para os futuros historiadores. O ambiente interativo proporcionado pelo computador, enfim, certamente ainda reserva muitas surpresas para a Escrita da História, sem contar as possibilidades, que já vão sendo bem-exploradas, de utilização da informática e do computador como instrumentos auxiliares importantes para a feitura da História.

História Visual, História Material, História Virtual... estas são apenas ideias – talvez exercícios iniciais de uma imaginação historiográfica projetada para o futuro e no futuro. Minha intenção foi apenas a de imaginar, diante da permanente reconfiguração dos campos históricos nos tempos recentes, que também os currículos de graduação que são oferecidos aos historiadores em formação precisam atentar para aspectos que se referem a uma reformulação de sua própria linguagem. Que novas modalidades historiográficas ainda estão por ser geradas e desenvolvidas pelos historiadores de agora e do futuro? E como o ensino de graduação em História acompanhará ainda esta expansão que não cessou de ocorrer, e que vem a encontrar no âmbito da própria produção textual e midiática as últimas fronteiras a serem exploradas mais criativamente?

3

Fontes históricas: olhares sobre um caminho percorrido*

O debate sobre as "fontes históricas" remete-nos a um dos dois fatores que constituem a mais irredutível singularidade da História como campo de conhecimento. De fato, se por um lado a História pôde um dia ser definida por Marc Bloch, nos anos de 1940 como a "Ciência que estuda os homens no tempo"[1], a obrigatoriedade do uso de "Fontes históricas" pelo historiador, como único meio de atingir diretamente este homem que se inscreve no tempo, é certamente o segundo fator inseparável do conhecimento histórico. A "centralidade da dimensão temporal", neste tipo de conhecimento que é a História, e a "utilização das fontes", pelo historiador que o produz, são precisamente os dois fatores que fazem com que a História possa ser distinguida de qualquer outro campo de saber.

* Conferência proferida em 13 de novembro de 2009, para abertura da Semana de Cepaq "História, Cultura e Linguagem", Universidade Federal de Mato Grosso, Campus de Aquidauana (UFMT). O texto foi publicado na *Revista Albuquerque* (BARROS, J.D'A. "Fontes históricas: um caminho percorrido e perspectivas sobre os novos tempos". *Revista Albuquerque*, vol. 3, n. 1, 2010).

1. BLOCH, M. *Apologia da História*. Rio de Janeiro: Zahar, 2001 [Original publicado: 1949, póstumo; original de produção do texto: 1941-1942].

Sem problema não há História

Começarei por lembrar que Seignobos, em um manual do início do século XX, um dia registrou uma frase que terminou por se tornar célebre: "Sem documento não há história" (1901). Com isto buscava situar a fonte histórica como princípio da operação historiográfica. A frase seria contraposta, décadas depois, por uma outra que seria criticamente pronunciada por Lucien Febvre: "Sem problema não há história". O historiador dos *Annales*, com isto, queria mostrar que a operação historiográfica principiava na verdade com a formulação de um problema. Seria um problema construído pelo historiador o que permitiria que ele mesmo constituísse as suas fontes, agora deslocadas para o segundo passo da pesquisa.

Hoje, decorridas muitas décadas após os primeiros "combates pela história" travados pelos historiadores dos *Annales* contra uma Historiografia que denominaram "positivista", pode-se perceber mais claramente que os dois elementos – o "Problema" e a "Fonte" – acham-se frequentemente entrelaçados: se o "Problema" construído pelo historiador sinaliza para algumas possibilidades de "Fontes", determinadas fontes também recolocam novos problemas para os historiadores. Podemos pensar, a título de exemplo, nas chamadas "fontes seriais", que permitem aos próprios historiadores formularem novos tipos de problemas que só adquirem sentido no tratamento serial da documentação, ou ainda o caso das "fontes dialógicas", aqui entendidas como aquelas que permitem ao historiador que sejam acessadas diversas vozes nas sociedades por ele examinadas.

Os exemplos nos mostram que, se o "problema" proposto pelo historiador permite que ele constitua suas fontes de determinada maneira, as próprias fontes históricas também devolvem algo ao historiador. Dito de outra forma, pode-se dizer que, na operação historiográfica, o sujeito que produz o conhecimento e os meios de que ele se utiliza interagem um sobre o outro, de modo que, no fim das contas, se o historiador sempre escreve seu texto de um lugar no mundo social e no tempo, ao mesmo tempo ele mesmo pode se transformar a partir da sua própria experiência com as fontes.

Lembremos aqui um interessante texto escrito por Carlo Ginzburg em 1979, com o título "Provas e possibilidades"[2], no qual o micro-historiador italiano chama atenção para uma questão peculiar. Embora reconhecendo que o trabalho do historiador é inicialmente direcionado por um certo "imaginário historiográfico" (tal como propôs Hayden White em *Meta-História*) e também por um lugar social (tal como postula Michel de Certeau em "A operação historiográfica"[3]), Ginzburg esmera-se em perscrutar o fato de que o historiador também se modifica pela interatividade com relação à alteridade trazida pela documentação (GINZBURG, 1994a: 196). Vale dizer, não é apenas um determinado lugar social-institucional, e uma certa "imaginação historiográfica" – ou o seu presente – o que dá uma direção ao trabalho do historiador. O próprio passado, através das especificidades de sua documentação, traz ao historiador vozes com as quais este interage, colocando-o em contato com aspectos que passam a integrar a sua própria experiência, e com elementos vários

---

2. GINZBURG, C. "Provas e possibilidades". *A micro-história e outros ensaios*. Lisboa: Difel, 1994, p. 179-202.

3. CERTEAU, M. "A operação historiográfica". *A Escrita da História*. Rio de Janeiro: Forense Universitária, 1982, p. 65-119 [original: 1974].

que o reconstroem como sujeito de investigação. Desta forma, a própria documentação examinada traz a sua contribuição adicional para o resultado do trabalho historiográfico, não apenas como objeto que se configura em testemunho ou discurso de sua época, mas também abrindo certos caminhos de compreensão e, para além disso, enriquecendo mesmo, como experiência, o próprio historiador, que se vê modificado no momento mesmo inicial da pesquisa.

Estas questões são importantes, e ao final da palestra voltaremos a elas. As fontes históricas, além de permitirem que o historiador concretize o seu acesso a determinadas realidades ou representações que já não temos diante de nós, permitindo que se realize este "estudo dos homens no tempo" que coincide com a própria História, também contribui para que o historiador aprenda novas maneiras de enxergar a História e novas formas de expressão que poderá empregar em seu texto historiográfico. Neste momento, conforme discutirei ao final desta palestra, estabelece-se uma misteriosa possibilidade de contato entre as fontes que instauram a pesquisa e o texto final que o historiador oferece ao seu leitor. Lidar com variedades de fontes históricas, veremos adiante, também instrui o historiador acerca de diferentes e novas possibilidades de expressão – uma questão que cada vez mais tem sido abordada nos tempos recentes. De fato, foi assim que, ao passo em que foi descobrindo novas possibilidades de fontes históricas, o historiador também se viu diante de novas possibilidades teóricas e expressivas: são apenas alguns exemplos o "olhar longo" da História Serial, a "escrita polifônica" das fontes dialógicas, o "olhar microscópico" proporcionado por fontes intensivas como os processos criminais, ou mesmo a "escrita cinematográfica" que pôde ser assimilada por aqueles que estudam o cinema.

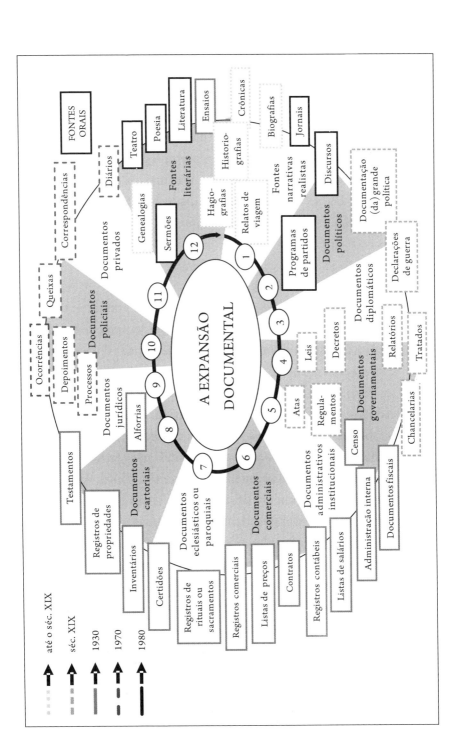

Antes de chegar a estas questões mais recentes, vamos discutir algumas questões fundamentais para a compreensão desta "revolução documental" que ainda não cessou de ocorrer na Historiografia desde que esta passou a se postular como disciplina científica. Abordarei, a seguir, alguns aspectos interligados: a "expansão documental", a multiplicação de abordagens das fontes históricas, sobretudo a partir do século XX, e a crescente explicitação do diálogo com as fontes no texto historiográfico.

Expansão documental

Já é lugar comum dizer que o século XX conheceu uma extraordinária expansão na possibilidade de tipos de fontes históricas disponíveis ao historiador. A expansão documental começa com a gradual multiplicação de possibilidades de fontes textuais – isto é, fontes tradicionalmente registradas pela escrita – e daí termina por atingir também os tipos de suporte, abrindo para o historiador a possibilidade de também trabalhar com fontes não textuais: as fontes orais, as fontes iconográficas, as fontes materiais, ou mesmo as fontes naturais. Com o desenvolvimento de novas tecnologias, pergunta-se se já não teremos em pouco tempo um número significativo de trabalhos também explorando as fontes virtuais.

De certo modo, a história da Historiografia tem conhecido duas expansões paralelas no universo das fontes historiográficas: de um lado, as fontes textuais, que sempre foram tão amplamente empregadas pelos historiadores, avançam na sua diversificação; de outro lado, pode ser percebido um contraponto importante que é o da expansão das fontes com novos tipos de suporte. Concentremo-nos por hora no esforço de mostrar a complexidade que abarca a expansão das possibilidades de fontes textuais. O quadro ao lado procura registrar visualmente esta expansão: na verdade uma expansão que termina por se voltar sobre si mesma. O esquema visual parte de algumas das fontes que, um tanto impropriamente, chamaremos de "fontes realistas" (1) – que são aquelas que se apresentam aos historiadores como discursos narrativos que tentam prestar conta de acontecimentos que se deram realmente, ou que, de sua parte, tentam convencer os seus leitores da natureza real do objeto de suas narrativas. Dos relatos de natureza historiográfica aos relatos de viagem, passando pelas hagiografias, crônicas e biografias, neste tipo de fontes costumava se concentrar o trabalho dos historiadores até o século XIX.

A partir daqui, podemos dizer que ocorrerá a primeira revolução documental da Historiografia – ou, se quisermos, a primeira fase de uma revolução historiográfica que mais adiante teria, no século XX, o seu segundo tempo. O século XIX, efetivamente, introduz o trabalho dos historiadores – para além das fontes que já eram utilizadas anteriormente – no vasto mundo dos arquivos que começam a ser montados por toda a Europa em um monumental esforço incentivado pelos governos nacionais. Os "Documentos políticos" (2) – notadamente da "grande história política" – os "documentos diplomáticos" relacionados à intrincada dialética da guerra e da paz (3), a documentação governamental (4), com suas leis e atos governamentais diversos, passarão a constituir a base do trabalho do historiador, que começa a desenvolver as suas primeiras técnicas de crítica documental. Por muitos dos historiadores oitocentistas, embora nem todos, estas fontes serão tratadas sobretudo como depósitos de informações. De todo modo, pode-se dizer que a crítica documental tornou-se uma contribuição inestimável desta interação entre o historiador e as fontes político-institucionais. Com elas o historiador aprendeu o "olhar meticuloso" tão precioso para a prática historiográfica.

Uma segunda revolução documental inicia-se nos anos de 1930. Ou, se quisermos, podemos dizer que o universo das fontes históricas começa a se expandir novamente. Para além das fontes já acumuladas pela revolução documental anterior, a multiplicação de objetos históricos – agora iluminando aspectos sociais e econômicos – permitirá que alguns setores da Historiografia comecem a centrar a sua atenção nos documentos administrativos (5), comerciais (6), eclesiásticos (7), cartoriais (8) – fontes que logo seriam exploradas pelos historiadores a partir de uma nova abordagem, serial ou quantitativa. Na França, um país cuja historiografia exerceu grande influência sobre a historiografia brasileira, é destacado o papel que a "história serial" exerceu até os anos de 1970. Um inquestionável fruto colhido pela historiografia ao entrar em contato com as fontes seriais, mas também presente nas diversas modalidades historiográficas que passaram na mesma época a trabalhar com a "longa duração", foi um novo tipo de olhar sobre a história: esse "olhar longo" que se estende sobre a "série documental" ou sobre grandes extensões de tempo ou de espaço e que, a partir daí, aprimora-se na habilidade de identificar permanências, de perceber ciclos, de avaliar pequenas variações no decurso de uma série de dados. O "olhar longo" junta-se assim ao "olhar meticuloso", de modo que o historiador torna-se aqui um pouco mais completo.

Novos métodos costumam sempre acompanhar cada expansão no universo de fontes historiográficas. Quando assistimos nos anos de 1980 a um crescente interesse dos historiadores pelas fontes jurídicas (9) e policiais (10), a exemplo dos processos-crime e da documentação de inquisição, logo os historiadores aprendem a tirar um máximo partido destas fontes que são ao mesmo tempo intensivas – isto é, extraordinariamente ricas de detalhes – e dialógicas, no sentido de que são espaços de manifestação para muitas vozes sociais. Surge tanto uma Escrita da História polifônica, voltada para a explicitação das várias vozes sociais, como também a Micro-história – uma modalidade historiográfica que se mostra pronta a mergulhar no projeto de enxergar grandes questões sociais a partir de uma escala de observação reduzida, porém com um olhar intensivo, que aproxima o historiador do olhar do detetive ou do criminalista que investigam indícios, mas também do médico que tenta enxergar a grande doença por trás dos pequenos sintomas. Vamos denominar a este novo olhar que se oferece aos historiadores dos anos de 1980 de "olhar interior", pois se ele é um olhar capaz de captar os detalhes mais reveladores, é também um olhar capaz de apreender a complexidade interna das realidades examinadas, além de captar a polifonia interna que se oculta em todas as formações sociais. Mais uma vez o historiador desenvolve a sua completude: o "olhar meticuloso", o "olhar longo" e o "olhar interior" agora se integram como possibilidades para a constituição de uma historiografia mais plena.

As últimas conquistas, talvez sob a égide de uma historiografia que traz para o centro do cenário histórico o mundo da cultura – estão nas fontes que se relacionam à vida privada (11) e a todos os tipos de literatura (12). Também não é por acaso que, em um mundo que é invadido pelo discurso, intensifique-se nesta mesma época a interdisciplinaridade com a Linguística, a Semiótica e as Ciências da Comunicação, oportunizando aos historiadores novas metodologias de análise textual e discursiva que hoje já se tornaram patrimônio da historiografia contemporânea. Ao mesmo tempo, pode-se dizer que, de alguma maneira, o historiador também conseguiu incorporar com estas novas experiências um certo "olhar estético". A si mesmo, começou a se perceber como literato, e muitos passaram a buscar aprimorar novas formas de expressão na elaboração do seu texto historiográfico, conforme mais adiante discutiremos.

Tal como já assinalei, um esquema como o que estou utilizando com vistas a representar a complexidade das fontes históricas não pode ser senão circular: uma figura que se desdobra sobre si mesma. As fontes narrativas realistas (1), das quais havíamos partido, oferecem nos anos de 1980 novas incorporações através dos jornais, e o chamado retorno da história política permite que os historiadores também incorporem, às fontes políticas (2) com as quais já lidavam, a documentação de partidos políticos e os discursos proferidos nestes mesmos ambientes.

Fontes não textuais

As ampliações no universo de possibilidades das fontes textuais, já o disse, são acompanhadas de um movimento paralelo. Se os historiadores haviam começado a diversificar as suas fontes textuais, já desde princípios do século XX, também começam a ser exploradas em um ritmo crescente as fontes com novos tipos de suporte. Refiro-me aqui àqueles tipos de fontes que não apresentam como seu elemento básico o "textual".

As imagens, por exemplo, logo deixariam de ser apenas objetos temáticos para os historiadores que já se interessavam

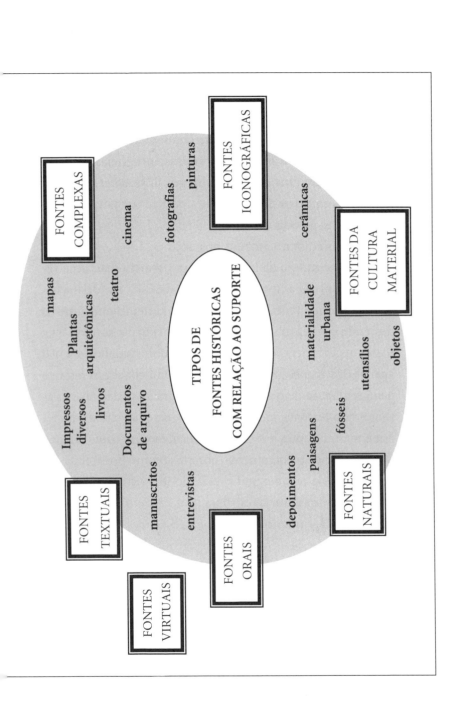

pela História da Arte, e passaram a ser também fontes para historiadores interessados em checar todo o tipo de questões sociais, econômicas e políticas através das fontes iconográficas. Entre as fontes iconográficas, obviamente, devemos incluir todas as possibilidades que apresentam no seu centro de caracterização a "imagem". Pinturas, fotografias, imagens desenhadas em uma cerâmica, charges, ilustrações, iluminuras – esses e outros tipos de fontes podem ser categorizados como fontes iconográficas.

A História Oral, também nos anos de 1980, conquista o seu lugar no campo da Historiografia, e reaviva mais uma vez um diálogo com a Antropologia, com a qual a História já havia estabelecido tantas vagas de contatos interdisciplinares. As fontes de cultura material, de igual maneira, passam cada vez mais a atrair a atenção de todos os tipos de historiadores, e não apenas dos arqueólogos. Poderíamos também seguir adiante na enumeração de conquistas historiográficas relacionadas às fontes não textuais: arquivos sonoros, cinema, cultura material e mesmo fontes naturais – aqui entendidas como a natureza interferida pelo homem – abrem-se como possibilidades. Podemos hoje nos perguntar pelas fontes virtuais. Como os historiadores passarão a trabalhar com este tipo de fontes? (Cf. quadro na pág. anterior.)

O exemplo das fontes intensivas

Trataremos, em seguida, de um exemplo muito específico entre as abordagens de fontes históricas trazidas pelos tempos mais recentes. O exemplo permitirá examinar, exemplificativamente, como o trabalho com um novo tipo de fontes, e a partir de uma nova abordagem (no caso a chamada "redução da escala de observação"), terminou por permitir que os historiadores não apenas experimentassem novas formas de ver a História como também novas maneiras de elaborar o seu texto historiográfico. Trataremos aqui da abordagem micro-historiográfica relacionada às possibilidades de tratamento intensivo das fontes, ou ao seu modo peculiar de ler aqueles indícios a partir dos quais se busca construir uma realidade historiográfica e interpretá-la. O modo de tratar as fontes que predomina na Micro-história, de fato, é aquele que Carlo Ginzburg chamou de "paradigma indiciário"[4]. Implica também naquilo que se denomina "análise intensiva" das fontes. Logo veremos que, para lidar com estas novas fontes e abordagens, o historiador precisou desenvolver novos talentos em si mesmo: o "talento do investigador criminal" e o "talento do psicanalista".

Uma vez que deseje ou precise empreender uma análise intensiva de suas fontes, o historiador deve estar atento a tudo, sobretudo aos pequenos detalhes. Já que, em diversas oportunidades, ele estará trabalhando ao nível da realidade cotidiana, das trajetórias individuais, das estratégias que circulam sob uma extensa rede de micropoderes na qual os atores sociais revelam-se em toda a sua humanidade possível, o historiador-analista deve estar preparado concomitantemente para as contradições que irá enfrentar.

O ser humano só não é contraditório quando se reveste da formalidade pública ou privada, quando se esconde por trás de documentos oficiais, quando oferece ao público coerentes declarações públicas; ou então quando ele se transforma em um número na documentação explorada pela História Serial

---

4. GINZBURG, C. "Raízes de um paradigma indiciário". *Mitos, emblemas e sinais*. São Paulo: Companhia das Letras, 1991, p. 143-179 [original: 1986].

de cunho quantitativo. Além disso, o ser humano também perde as suas ambiguidades, as oscilações e tateamentos que se integram à sua vida individual e intersubjetiva quando se incorpora a uma multidão.

A multidão é espontânea; vista de fora e de cima ela realiza atos unidirecionais: avança para invadir um palácio de governo ou foge diante da polícia, até que se dispersa e deixa de ser multidão; unifica-se no aplauso ou na vaia a um político ou a um artista (ao ouvi-la de longe, um espectador irá ignorar que possivelmente existem ali vozes minoritárias que silenciam ou aplaudem enquanto a maioria vaia, de modo que este se torna o ruído aparentemente unidirecional da multidão). Ao contemplarmos uma multidão em disparada, visualizamos um movimento homogêneo em uma única direção, e só perceberemos os indivíduos que caíram e foram pisoteados quando a multidão se afasta e deixa um clarão atrás de si; ou, então, poderemos identificar estes acidentes e dissonâncias se apontarmos para o meio do tumulto uma câmera dotada de objetiva, que é mais ou menos o recurso, metaforicamente falando, utilizado pelo micro-historiador.

Quando um indivíduo é focalizado na sua trajetória individual, nos seus gestos cotidianos, agindo sob pressão em certas circunstâncias, negociando a sua vida diária e o direito de prosseguir no seio de determinada comunidade ou ambiente social, escalando as suas oportunidades no emprego e desviando-se dos outros para evitar entrechoques definitivos, ou para reafirmar aqueles que são inevitáveis quando isto lhe convém... nestes momentos o indivíduo mostra-se humano em suas ações, experimentador, oscilante, ambíguo, exercendo seu pleno direito de ser contraditório, de refazer o seu caminho, de mentir, esquivar-se, arrepender-se das suas ações. Para inserir-se nas múltiplas redes de solidariedade deverá ser contraditório, poderá fazer inimigos ao se tornar amigo de um outro, ou poderá conquistar o direito de se tornar simultaneamente amigo de dois inimigos administrando bem estas tensões.

Colocado na situação-limite de ser acusado de um crime, de ser inquirido por um inquisidor, ou mesmo de ser convocado como testemunha (quando terá de se pronunciar sobre algo que poderá afetar o grupo ou outros de seu campo de solidariedade), o indivíduo poderá ver potencializado ainda mais o seu caráter contraditório. Se a situação-limite envolve vários indivíduos, cada qual mergulhado na sua intersubjetividade e no seu circuito de ambiguidades pessoais, temos adicionalmente uma rede dialógica, polifônica, na qual estarão expressas diversas vozes a serem decifradas.

Muitas vezes o historiador que trabalha com este nível humano mais imediato, mais sublunar, precisará de uma argúcia especial. Pode ser que encontre as respostas nos detalhes aparentemente secundários, nos elementos que habitualmente são pouco percebidos (e que por isto mesmo são menos sujeitos a falseamentos). O criminoso, na maior parte dos casos, é apanhado a partir dos pequenos detalhes, já que os elementos que ele considera mais importantes são cuidadosamente ocultados após a execução do crime. Da mesma forma, um psicanalista vai decifrando a personalidade do seu paciente – que inevitavelmente irá mentir, esquivar-se, dissimular – a partir dos pequenos gestos, das hesitações de fala, das expressões que deixa escapar, dos atos falhos. Os pequenos gestos inconscientes e involuntários, para ele, serão muito mais eloquentes do que qualquer atitude formal. Profissões como a de investigador policial ou de psicanalista (investigador de almas) pouco valeriam se aqueles que a elas se dedicam não fossem capazes de extrair a informação primordial do pequeno detalhe que normalmente passa despercebido para os homens comuns. Vislumbramos, aqui, um novo modelo de investigação da realidade: o do microanalista.

Os exemplos abundam na literatura, que parece tê-los descoberto antes da ciência. Modelo de microanalista impecável é, por exemplo, um dos personagens do filme *O silêncio dos inocentes* – o psicanalista canibal que é capaz de avaliar a origem de um indivíduo pelo seu sotaque, o seu estado de ânimo pelo ritmo respiratório, e que é capaz de ler as contradições entre um sapato caro e um "andar caipira", entre um modo de falar e o gesto que o acompanha[5].

---

5. O filme *O silêncio dos inocentes* é baseado no livro de mesmo título, de autoria do escritor norte-americano Thomas Harris. Nesse romance policial, Clarice Starling, uma estagiária do FBI, precisa conquistar a confiança de um perigoso psicopata – o Doutor Hannibal Lecter, psiquiatra canibal que está preso em uma cadeia de segurança máxima –, pois só ele pode ajudá-la a capturar um *serial killer* que está aterrorizando uma cidade ao esfolar sucessivas mulheres. Os melhores momentos do filme, e do livro, dão-se em torno dos diálogos travados entre estes dois personagens. A capacidade de observação e análise de Hannibal Lecter, o psiquiatra canibal, é brilhante e surpreendente. Na passagem que acima mencionamos, ele consegue fazer uma acurada análise das condições sociais, das origens familiares e da psicologia de sua interlocutora, apenas examinando alguns indícios, detalhes e pequenas contradições, como o sobrenome, o sotaque, o modo de andar, ou mesmo a contradição entre a bolsa cara e os sapatos baratos que são usados pela detetive: "Você gostaria de me analisar, policial Starling. Você é muito ambiciosa, não é? Sabe o que você me parece, com sua bela bolsa e seus sapatos baratos? Parece uma caipira. Uma caipira melhorada, limpa, com um pouco de bom gosto. Seus olhos são como pedras baratas do mês – tudo é brilho superficial quando você consegue uma pequena resposta. E por trás delas você é brilhante, não é? Desespera-se para não ser como sua mãe. Uma boa nutrição deu-lhe ossos mais longos, mas você não está fora das minas há mais de uma geração, policial Starling. Você é dos Starlings de West Virgínia ou de Oklahoma? Houve uma decisão de cara ou coroa entre a universidade e o Corpo Feminino do Exército, não houve?" (HARRIS. *O silêncio dos inocentes*).

Outro microanalista arguto, este citado por Carlo Ginzburg em seu artigo sobre "o paradigma indiciário" (GINZBURG, 1991: 143), é certamente Sherlock Holmes, o famoso detetive inventado pelo escritor Conan Doyle. O detetive inglês era capaz de descobrir o autor de um crime apenas com base em indícios imperceptíveis para a maioria das pessoas, incluindo entre suas habilidades desde a de interpretar pegadas na lama até a de decifrar metodicamente as cinzas de um cigarro, sem contar as habilidades psicanalíticas de enxergar a alma humana através do corpo, das quais se revelava possuidor ao decifrar rostos ou mesmo ao desvendar origens sociais e naturalidades a partir do discurso das vestimentas. Sherlock Holmes, enfim, era capaz de identificar e de conectar indícios aparentemente isolados para elaborar deduções magníficas.

O ancestral comum a Sherlock Holmes e ao psicanalista-canibal de *O silêncio dos inocentes* é certamente o célebre personagem de Voltaire chamado Zadig[6], que não raro se metia em apuros por causa de sua inacreditável capacidade de enxergar o que ninguém percebia. Não satisfeito em identificar a espécie e o gênero de uma cadela que nunca vira, apenas a partir dos traços e pegadas que ela havia deixado na areia, Zadig ainda era capaz de perceber que ela manquejava de uma das pernas, já que as impressões deixadas na areia por uma das patas eram menos fundas do que as das outras três! Os exemplos abundam nesta obra ficcional de Voltaire, que constitui muito mais do que uma história curiosa. O que o filósofo iluminista estava sugerindo através de seu personagem era, na verdade, um novo paradigma de investigação que poderia ser aplicado não apenas na vida cotidiana, como

---

6. VOLTAIRE. *Zadig, ou o destino*. São Paulo: Escala, 2006.

também nas várias esferas do saber. O desenvolvimento pleno deste "paradigma indiciário", tal como o chamou mais tarde o micro-historiador italiano Carlo Ginzburg, ficaria a cargo dos séculos seguintes.

Aonde estes modelos nos levam? Em primeiro lugar, o micro-historiador que trabalha "ao rés do humano" tem que ter um pouco de Zadig, de Sherlock Holmes, ou do psicanalista-canibal que devora almas. Quando ele lida com fontes de natureza dialógica, como os registros de inquisição ou como os inquéritos policiais, por vezes terá de "espiar por cima dos ombros do inquisidor", como dizia Ginzburg[7], já que tanto o historiador como o inquisidor irmanam-se na intenção de empreender uma análise intensiva dos materiais que têm à sua disposição – o inquisidor contando com os contraditórios depoimentos orais de réus e testemunhas, o historiador tendo à sua disposição apenas o registro escrito destes depoimentos orais, já filtrados pela primeira percepção do inquisidor. De igual maneira, ao examinar como fonte um inquérito policial, o historiador ver-se-á tentado a espiar por trás dos ombros do delegado, mas munido da consciência de que o próprio delegado é mais uma das vozes contraditórias que se juntam ao processo.

Abre espaços para inúmeras complexidades a "situação-limite" de um crime que dará origem a um processo, no qual será investigado um suspeito, depois transformado em acusado e finalmente em réu, e no âmbito do qual serão ouvidas testemunhas que poderão ser simpáticas, neutras ou hostis ao acusado. Digno de nota é o fato de que os depoimentos de certos indivíduos – réus, acusadores ou testemunhas – poderão ser

---

7. GINZBURG, C. "O inquisidor como antropólogo". *A micro-história e outros ensaios*. Lisboa: Difel, 1994a, p. 201.

diferentes em um momento e outro, revelar ou ocultar estratégias, motivar-se em atitudes preventivas e arrependimentos, em receios de se verem comprometidos (tanto no que se refere ao réu como a algumas testemunhas), sem contar as redes de solidariedade e rivalidades que processos como estes permitem que aflorem, ou os preconceitos que encontram um terreno profícuo para se extravasarem. Já nem mencionarei o fato de que, independente das estratégias e ações preventivas, a memória dos indivíduos é complexa e contraditória. Boatos costumam frequentemente influenciar indivíduos: alguém ouviu falar de certo acontecimento, ou sabe de qualquer coisa muito por alto, e em certo momento já seria capaz de jurar que tem certeza de ter presenciado um evento.

Ambiguidades diversas são típicas de fontes como os processos criminais, e elas são ricas precisamente porque são dialógicas. Por vezes, ao se mostrarem repletas de contradições a serem examinadas, estas fontes são por isto mesmo reveladoras daquilo que há de mais humano nos seres humanos que ali estão retratados. A tarefa do historiador, certamente, não será a de julgar um crime, mas avaliar representações, expectativas, motivações produtoras de versões diferenciadas, condições de produção destas versões, além de captar a partir da documentação detalhes que serão reveladores do cotidiano, do imaginário, das peculiaridades de um grupo social, das suas resistências, das suas práticas e modos de vida.

Pode-se dar ainda que o historiador encontre fontes dialógicas e ricas de indícios reveladores não apenas nos processos criminais relativos a indivíduos isolados. As sublevações e movimentos populares também podem dar origem a processos e registros judiciais, porque, quando não são bem-sucedidas e mudam o curso da história de uma sociedade (transformando-se em "revoluções" propriamente ditas), as insurreições são quase sempre convertidas em crimes coletivos pelos seus repressores, gerando todo o aparato de registros e inquéritos criminais a que têm direito os crimes comuns. Ciro Flamarion Cardoso, em uma frase feliz, ressalta que "uma revolta que escapa à repressão escapa à história"[8]. Assim, as sublevações reprimidas, dada a massa de documentação que produzem após a sua debelação, podem gerar fontes preciosas para os historiadores.

É o que vemos, por exemplo, em um dos capítulos de *Visões da liberdade*, de Sidney Chalhoub[9], em que o autor analisa inquéritos sobre sublevações de escravos ocorridas no Rio de Janeiro entre 1870 e 1880. Os escravos – que habitualmente chegam aos historiadores como um número nos inventários das fazendas escravistas – já nos inquéritos que apuram sublevações começam a adquirir um rosto, um nome, características pessoais, visões de mundo que são pacientemente extraídas de seus inquiridores para documentar o processo repressivo[10].

---

8. CARDOSO, C.F. & BRIGNOLI, H.-C. *Os métodos da História*. Rio de Janeiro: Graal, 1983, p. 384.

9. CHALHOUB, S. *Visões da liberdade* – Uma história das últimas décadas da escravidão na corte. São Paulo: Cia das Letras, 1990.

10. Na obra citada, Chalhoub pretende recuperar o processo histórico de abolição da escravidão na corte através da análise intensiva das lutas que se desenvolviam em torno das visões ou definições de liberdade e de cativeiro. Suas fontes são não apenas os já referidos inquéritos sobre sublevações de escravos, mas também toda uma sorte de outras fontes que incluem, além dos processos criminais e das ações cíveis de liberdade, também fontes literárias como os tratados sobre a escravidão e os relatos de viajantes escritos na época. A ideia, portanto, é interconectar fontes diversas, deixando que elas se iluminem reciprocamente (diferentemente de sua primeira obra – *Trabalho, lar e botequim* – na qual o autor procurou se restringir às fontes criminais e judiciais).

Ao lidar com estes tipos de fontes, ou com outras que permitam uma análise intensiva e atenta aos pormenores, o historiador comunga com a argúcia de um Sherlock Holmes, do psicanalista devorador de almas, de um *expert* em falsificações que é capaz de identificar a falsidade de um quadro não pelos seus traços principais – os quais são de resto cuidadosamente trabalhados pelo falsificador –, mas sim pelos detalhes aparentemente insignificantes, e que por isto mesmo foram descuidados, da mesma maneira que um criminoso inadvertidamente abandona a ponta de cigarro no local de um crime. É preciso examinar, nestes casos, "os pormenores mais negligenciáveis" (GINZBURG, 1994a: 144).

Esta atenção simultânea aos detalhes e pormenores, de um lado, e às muitas vozes de um texto ou às múltiplas versões de um processo, de outro, corresponde ao que chamaremos aqui de uma "análise intensiva das fontes". Frequentemente, é necessário pôr as fontes a dialogar em registros de intertextualidade, deixar que uma ilumine a outra, permitir que seus silêncios falem e seus vazios se completem. O olhar micro-historiográfico necessita desta análise intensiva, incisiva, atenta tanto aos pequenos pormenores como às grandes conexões. Trabalha-se ao nível das contradições e ambiguidades – não *contra* estas ambiguidades, mas sim tirando partido delas.

Lidando com fontes dialógicas

Na impossibilidade de discutir, nos limites desta conferência, todas as diversas abordagens que surgiram para tratamento das novas possibilidades de fontes – estas cuja imensa variedade foi exposta no esquema sobre a "Expansão documental" – escolhi discorrer sobre um campo específico de abordagens que tem se desenvolvido na historiografia das últimas décadas: o campo metodológico que se abre para o tratamento das fontes dialógicas.

Entenderemos como "fontes dialógicas" aquelas que envolvem, ou circunscrevem dentro de si, vozes sociais diversas. O dialogismo de uma fonte é ao mesmo tempo um limite e uma riqueza: o historiador deve aprender a lidar com isto. No limite, é claro, toda fonte – assim como todo texto – comporta uma margem de dialogismo, pois se acompanharmos as reflexões de Mikhail Bakhtin, em seu ensaio *Estética e criação verbal*[11], não existem textos que não estejam mergulhados em uma rede intertextual, isto é, em um diálogo com outros textos. O ato mesmo de analisar um texto, assevera-nos Eliseo Verón em seu livro *A produção do sentido*[12], já introduz algum tipo de dialogismo, uma vez que não é possível analisar um texto em si mesmo, e que, mesmo sem perceber, o analista está sempre comparando o texto de sua análise com outro texto. Mas não é deste tipo de dialogismo que estaremos falando neste momento, e sim das fontes históricas que podem apresentar uma forma mais intensa de dialogismo em decorrência da própria maneira como estão estruturadas, ou em função dos próprios objetivos que as materializaram.

Fontes dialógicas por excelência, entre várias outras, são os processos criminais e inquisitoriais que envolvem depoimentos de réus, testemunhas e acusadores, mas também a figura destes mediadores que são os delegados de polícia ou os inquisidores, e também os advogados para o caso dos processos jurídicos modernos. Estas também são fontes que,

---

11. BAKHTIN, M. *Estética da criação verbal*. São Paulo: Martins Fontes, 2003.
12. VERÓN, E. *A produção do sentido*. São Paulo: Cultrix, 1980.

além de dialógicas, são "intensivas": fontes que permitem apreender e dão a perceber muitos detalhes, particularmente aqueles que habitualmente passariam despercebidos ou aos quais, em outra situação, não se costuma dar qualquer importância (lembremos os investigadores criminais vasculhando as latas de lixo). Os processos também envolvem um esforço de compreender a fala de um outro, de dar a compreender esta fala, embora também impliquem na manipulação da fala[13].

Para o Brasil do período colonial, constituem fontes dialógicas de grande porte os livros de devassas, produzidos pelas visitações do Santo Ofício da Inquisição. Alguns historiadores brasileiros os utilizaram amplamente, tal como Laura de Melo e Souza em sua investigação historiográfica intitulada *O diabo e a Terra de Santa Cruz* (1994)[14]. Fontes como a documentação inquisitorial ou os processos criminais – dada a sua intensividade, ou a sua capacidade de aprender e expor ao pesquisador um grande número de detalhes e de relações dialógicas interindividuais em um contexto intensificado – proporcionam a rara possibilidade de se empreender um apurado rastreamento do cotidiano, do imaginário e dos ambientes de sociabilidade relativos. Da mais recôndita intimidade do lar à exposição da agitada vida humana que transita nas ruas, a leitura de processos como estes pode aos poucos descortinar os ambientes de sociabilidade, ou revelar não apenas a vida concreta e cotidiana – com seus modos

---

13. No Brasil, o trabalho com processos-crime começa a ser realizado na década de 1970 por autores como Maria Sílvia de Carvalho Franco em *Homens livres na ordem escravocrata* (1974); José de Souza Martins em *Subúrbio* (1992); e Sidney Chalhoub em *Trabalho, lar e botequim* (1984).

14. SOUZA, L.M. *O diabo e a Terra de Santa Cruz* – Feitiçaria e religiosidade popular no Brasil Colonial. São Paulo: Companhia das Letras, 1994.

de alimentação, indumentária, cultura material, hábitos e fórmulas de comunicação –, mas também a vida imaginária e as formas de sensibilidade: os medos, crenças, esperanças, invejas, desalentos e desesperos[15].

O mesmo ocorre para os processos criminais do período moderno. É importante se ter em vista que, nestes casos, é de menor importância chegar a conclusões sobre as razões de um crime ou a culpabilidade do réu. A função do historiador não é a de desvendar crimes – tarefa do delegado de polícia – nem tampouco emitir julgamentos sobre o mesmo (tarefa do juiz). Um processo, bem como uma devassa inquisitorial, permite rastrear a vida de testemunhas, vítimas e réus. A partir do registro intensivo deste tipo de fontes o historiador pode recuperar o dia a dia de anônimos do passado, aos quais não teria acesso por outros meios.

Em seu texto "O Dia da Caça", um dos pioneiros do Brasil no que se refere a esta abordagem, o sociólogo José de Souza Martins põe-se a acompanhar os passos do réu de um crime no seu dia a dia, seguindo ele mesmo os passos do delegado que tenta recuperar "o percurso trágico do criminoso, nos dias e horas que antecederam o crime" (MARTINS, 1992: 299-353). De nossa parte, podemos acompanhá-lo, como

---

[15]. Os processos criminais e inquisitoriais, apesar de se prestarem particularmente bem à análise qualitativa em vista de sua textura intensiva – disponibilizadora de uma grande concentração de detalhes –, também podem ser utilizados em grandes séries, contanto que o problema e a temática examinada assim o permitam. Para exemplo de análise qualitativa de processo-crime, entrecruzando-o com a documentação jornalística que a ele se refere, cf. o capítulo inicial de *Trabalho, lar e botequim* (1984), de Sidney Chalhoub. Cf. tb. o capítulo sete de *Subúrbio*, de J.S. Martins, intitulado "O Dia da Caça – O cotidiano das relações de classe num caso de duplo homicídio em 1928" (MARTINS, 1992: 299-353).

leitores, na sua paciente montagem de um mapa que revela os vários trajetos diários do operário que é acusado do crime. É esta instigante interposição de mediadores – leitor, autor, delegado, depoentes, personagens da cena-crime –, cada um dos quais seguindo os passos do outro em uma autêntica arqueologia de textos que se recobrem uns aos outros, o que traz a estas fontes uma espécie de "dialogismo transversal". Mas é também na multiplicação das vozes no plano sincrônico – correspondente, no contexto mais imediato do próprio crime, à contraposição das vozes do réu, das testemunhas, das vítimas – que iremos encontrar o dialogismo final, constituinte da trama que corresponde à última camada arqueológica que o processo criminal nos oferece.

O dialogismo presente nas fontes processuais, as diferentes versões que através delas se conflituam, as visões de mundo que os atores sociais encaminham uns contra os outros, as redes de rivalidade e solidariedade que daí emergem, as identidades e preconceitos, é todo este vasto e dialógico universo – não apenas capaz de elucidar as relações interindividuais, como também de esclarecer a respeito das relações de classe – o que se mostra como principal objeto de investigação para a análise micro-historiográfica que se torna possível a partir deste tipo de fontes[16].

Além dos processos criminais, jurídicos e inquisitoriais, existem vários outros tipos de fontes dialógicas. Existem

---

16. Assim nos diz o sociólogo José Carlos Martins em seu texto "O Dia da Caça", ao colocar em relevo as potencialidades da fonte-crime examinada para uma compreensão das relações sociais: "[...] através das relações entre o réu, as testemunhas e a vítima o caso nos mostra o que eram as relações sociais de todo dia na vida local. E como essas relações interferiam nas relações de classe" (MARTINS, 1992: 299).

inclusive as fontes de "dialogismo implícito", aquelas que dão voz a indivíduos ou grupos sociais pelas suas margens, pelos seus contracantos, ou mesmo através dos seus silêncios e exclusões. Assim, por exemplo, o período do escravismo colonial no Brasil conhece a prática do estabelecimento de "irmandades" (de homens negros, pardos, brancos, escravos ou libertos, de portugueses ou brasileiros). Análogas às confrarias medievais no que concerne ao fato de que acomodavam dentro de si grupos de indivíduos em quadros auxiliares de sociabilidade e solidariedade, elas cortavam a sociedade a partir de um novo padrão. Essas irmandades geraram muita documentação que pode ser examinada com vistas a apreender o seu dialogismo implícito: cartas de compromisso, atas, documentos vários que revelam seus procedimentos de inclusão e de exclusão. No interior da população africana ou afro-descendente que havia sido escravizada, elas deixam entrever os diversos grupos identitários que se escondem sob o rótulo do "negro".

João José Reis, que as estudou em detalhe, observa o estabelecimento de uma discreta arena de disputas interétnicas na Irmandade do Rosário dos Pretos da Igreja da Conceição da Praia, na Bahia de 1686. Dela participavam irmãos e irmãs angolanos e crioulos (negros nascidos no Brasil) na época de seu primeiro compromisso. "Embora sem explicitar isto, previa-se a entrada de gente de outras origens, inclusive os brancos e mulatos, mas só crioulos e angolas eram elegíveis, em números iguais, a cargos de direção"[17]. Já na Irmandade do Rosário da Rua de João Pereira, a associação se estabelecia

---

17. REIS, J.J. "Identidade e diversidade étnicas nas irmandades negras nos tempos da escravidão". *Tempo*, vol. 2, n. 3, 1996, p. 14. Rio de Janeiro.

entre benguelas e jejes. O que nos revelam estas fontes em termos de vozes sociais? Através delas, dos seus termos de compromisso e documentação corrente, os grupos sociais e as identidades são postas a falar, mesmo as que são silenciadas através da exclusão. O poder é partilhado por grupos específicos dentro da escravaria mais ampla. Algumas outras identidades são aceitas, mas em um segundo plano; outras são excluídas. As redes de solidariedade e as rivalidades terminam por falar. Mesmo quando silenciados através da exclusão, alguns grupos deixam soar a sua voz, nem que seja para dar a entender que são odiados, temidos, desprezados, ou que, de sua parte, também odeiam e desprezam. O grupo social aparentemente unificado pela cor, como queria o branco colonizador, revela através do dialogismo implícito a sua pluralidade de vozes internas.

À parte estes exemplos, estaremos nos referindo em seguida às fontes de "dialogismo explícito", como é o caso daqueles documentos ou textos nos quais um determinado agente ocupou-se de pôr por escrito as falas de outros. São fontes dialógicas não apenas porque são várias estas "falas de outros", mas também porque o mediador, o compilador da fonte ou o agente discursivo que elabora um texto sobre o texto, representa ele mesmo também uma voz (quando não um complexo de várias vozes, já que através do mediador pode estar falando também uma instituição, uma prática estabelecida, uma comunidade profissional, para além de sua própria fala pessoal).

Com base nestes aspectos, podemos definir as fontes que se caracterizam pelo "dialogismo explícito" como aquelas que são atravessadas de maneira mais contundente por um mediador, o qual tem consciência de estar situado diante de uma alteridade, diante da necessidade de uma mediação, de uma "tradução do outro" que precisará ser feita em si mesmo e depois, possivelmente, oferecida a novos leitores.

Os relatos de viagem, por exemplo, comportam a sua margem de dialogismo. Pensemos naqueles viajantes europeus que estiveram percorrendo a África, a América do Sul e particularmente o Brasil, nos anos do século XIX em que as viagens aos demais continentes constituíram uma nova moda romântica. Estes viajantes entram em contato com culturas que lhes são totalmente estranhas, e fazem um esforço sincero de transmitir suas vivências a um leitor – que eles idealizam como estando sentado confortavelmente em uma residência europeia. Querem informá-lo sobre as estranhezas que presenciaram, as bravatas e desafios que tiveram de enfrentar por serem europeus aventureiros em terras tropicais e selvagens, ou em cidades rústicas, habitadas por novos tipos sociais tão desconhecidos deles como de seus leitores.

Marco Polo, em seu *O livro das maravilhas*, escrito no século XIII[18], já trazia à literatura o seu próprio relato de viagens, nos quais descortinava aos seus leitores europeus um mundo completamente distinto de tudo o que eles até então haviam visto. A China e outras terras do Oriente surgem nos seus relatos com toda a sua imponência dialógica, beneficiando os europeus de sua época de um choque de alteridade que mais tarde lhes seria muito útil, quando precisaram submeter as populações incas, maias e astecas nas Américas do século XVI.

Exemplos particularmente interessantes de fontes dialógicas, de que não trataremos neste momento, são as organizações

---

18. MARCO POLO. *O livro das maravilhas*. Porto Alegre: LPM, 1999.

mediadas de "falas dos vencidos". É o caso dos depoimentos de astecas que sofreram impactos da conquista da América, no século XVI, e que foram elaborados pelos próprios astecas sob a orientação do padre jesuíta Sahagún. Estas fontes, habitualmente conhecidas como "os informantes de Sahagún", pretendem dar voz aos astecas que foram vencidos e massacrados pelos conquistadores espanhóis liderados por Hernán Cortez, no século XVI[19]. Ao serem elaboradas tanto no idioma nativo como em espanhol, estas fontes não apenas procuram dar voz a uma cultura, mas também lhe superpõem um outro texto, uma outra cultura e uma outra visão de mundo: a do padre jesuíta que, por mais bem-intencionado que estivesse em dar voz aos vencidos, não tem como extrair-se, a si mesmo, do discurso dos astecas a cujas falas ele traz uma organização.

Antes de prosseguirmos, podemos nos perguntar: O que se precisa ou pode-se aprender com estes tipos de fontes que são as "fontes dialógicas"? Direi inicialmente que, aqui, será necessário um novo talento: o "talento arqueológico". Não me refiro, porém, à capacidade de lidar com as diferentes camadas de terra, mas a algo ainda mais sutil: a habilidade de decifrar diferentes camadas de filtragens. O talento de perceber uma coisa a partir da outra – ou uma coisa por trás da outra – é, de alguma maneira, uma habilidade polifônica (a mesma que se torna necessária ao ouvinte de música que se põe a escutar composições musicais constituídas por várias vozes que avançam paralelamente, uma por sobre a outra, como nas composições de Johan Sebastian Bach).

---

19. Uma coletânea de textos extraídos dos informantes de Sahagún foi publicada em LEÓN-PORTILLA, M. *A visão dos vencidos* – A tragédia narrada pelos astecas. Porto Alegre: LPM, 1985.

As fontes produzidas por missionários, como o padre jesuíta Sahagún, sempre colocam em pauta o dialogismo, e este também será o caso das fontes que foram trabalhadas pelo etno-historiador Richard Price em seu livro *Alabi's World*[20] – um texto que recebeu de Eric Hobsbawm alguns interessantes comentários críticos no artigo intitulado "Pós-modernismo na Floresta"[21]. Vale a pena refletir sobre este texto, e também sobre os comentários de Hobsbawm, pois eles nos servirão como ponto de partida para elucidar alguns cuidados e potencialidades metodológicas envolvidos no trabalho com as fontes dialógicas.

O estudo de Richard Price refere-se às sociedades saramakas, que foram constituídas no Suriname nos séculos XVIII e XIX a partir de quilombolas que conseguiram se apartar do sistema escravista e construir uma sociedade em novas bases no interior daquela região sul-americana. Os suramakas, os "negros da mata" do Suriname, não eram cristãos em sua maioria; mas com eles tiveram de interagir os missionários morávios, nas suas tentativas de evangelização. Estes últimos produziram extensa documentação a respeito da sociedade saramaka, e dela se utilizou Richard Price com vistas à elaboração de sua pesquisa e análise. Dois problemas surgem, e aqui o tomaremos como exemplificação acerca de problemas a serem enfrentados pelos historiadores de hoje no trato com as suas fontes. Os irmãos morávios, conservadores

---

20. PRICE, R. *Alabi's World*. Baltimore: John Hopkins University Press, 1990.

21. HOBSBAWM, E. "Escaped Slaves of the Forest". *New York Review of Books*, 06/12/90, p. 46-48 (republicado em "Pós-modernismo na Floresta". *Sobre História*. São Paulo: Companhia das Letras, 2005, p. 201-206) [original do livro: 1997; original do artigo: 1990].

e ultrarreligiosos, deixam inevitavelmente transparecer nas fontes que produziram o seu fracasso em compreender aquela estranha sociedade saramaka que pretendiam catequizar. Eles enxergam o mundo saramaka a partir do seu próprio filtro, da sua própria visão de mundo, e, ainda que sinceros no seu esforço de compreender a alteridade com a qual se defrontam, enfrentam a óbvia dificuldade de estarem presos a horizontes mentais que não lhes permitem compreender adequadamente certos aspectos da sociedade saramaka.

Por outro lado, um outro filtro deve ser enfrentado pelo historiador que hoje toma as correspondências dos missionários morávios como fontes para compreender as sociedades saramakas do Suriname da segunda metade do século XVIII. Tal como Hobsbawm assinala, e aqui trago suas palavras entre aspas, para os pesquisadores modernos "a visão de mundo de fanáticos carolas como os morávios, com seu culto sensual e quase erótico das chagas de Cristo, é certamente menos compreensível que a visão de mundo dos ex-escravos" (HOBSBAWM, 1990: 47-48). Desta maneira, a análise deste tipo de fontes implica um dos cuidados para o qual mais devem estar atentos os historiadores de hoje: lidar com uma fonte (ou constituí-la) implica lidar com filtros, com mediações, inclusive as que fazem parte da própria subjetividade e condições culturais do pesquisador que examina o outro a partir do outro.

Considerações análogas são desenvolvidas por Carlo Ginzburg em seu famoso texto "O historiador como antropólogo", escrito em 1989[22]. Toma-se como ponto de partida o mesmo

---

22. GINZBURG, C. "O inquisidor como antropólogo". *A micro-história e outros ensaios*. Lisboa: Difel, 1994.

problema metodológico enfrentado por Richard Price na obra anteriormente citada: trata-se de dar um uso historiográfico a registros escritos de produções orais – no caso específico de Carlo Ginzburg, as fontes inquisitoriais do início da Idade Moderna. As fontes inquisitoriais – que nos trabalhos de Ginzburg adquirem um novo sentido ao se ultrapassar o antigo enfoque nas "perseguições" em favor do enfoque no discurso – apresentam precisamente a especificidade de serem mediadas pelos "inquisidores". Ou seja, para se chegar ao mundo dos acusados é preciso atravessar esse filtro que é o ponto de vista do inquisidor do século XVI. É necessário empreender o esforço de compreender um mundo através de outro, de modo que temos aqui três polos dialógicos a serem considerados: o historiador, o "inquisidor-antropólogo", o réu acusado de práticas de feitiçaria.

O limite da fonte – o desafio a ser enfrentado – é o fato de que o historiador deverá lidar com a "contaminação de estereótipos". Entrementes, uma riqueza da mesma documentação é a forma de registro intensivo que é trazida pelas fontes inquisitoriais – uma documentação atenta aos detalhes, às margens do discurso, e fundada sobre um olhar microscópico. Isto, para além do forte dialogismo presente, seja de forma explícita ou implícita. Quanto à estratégia metodológica que aproxima inquisidores do século XVI e antropólogos modernos, a que dá o título ao artigo, é exatamente a de traduzir uma cultura diferente por um código mais claro ou familiar (GINZBURG, 1994: 212).

O que nos ensina Ginzburg com o seu trabalho historiográfico sobre estas fontes, e com suas reflexões teóricas sobre as mesmas? Antes do mais, fica claro que o historiador deve formular indagações sobre os seus mediadores, tanto para compreender os seus "filtros" como para fazer a crítica de autenticidade e veracidade relacionada à sua mediação dos depoimentos dos réus. Fica claro para o autor, e esta é já uma resposta à indagação inicial, que existe no inquisidor uma vontade real de compreender, o que o leva a inquirir o detalhe e a dar efetiva voz ao acusado. Ao mesmo tempo, a este inquisidor – em que pese o seu desejo de apreender o ponto de vista do réu – nada resta senão tentar entender os depoimentos ou a cultura investigada adaptando-os às suas próprias chaves e estereótipos. A fonte inquisitorial, por estes dois fatores, torna-se intensamente dialógica (isto é: ela envolve o diálogo entre muitas vozes sociais).

O artigo "O inquisidor como antropólogo" (1989) inicia-se com um pequeno balanço de Carlo Ginzburg sobre a apropriação historiográfica das fontes da Inquisição. Um historiador, ao aproximar-se de suas fontes, não se obriga necessariamente a historiar o uso historiográfico que até aquele momento foi feito de suas fontes, mas em todo o caso esta poderia ser uma boa recomendação metodológica. Estender um olhar sobre a Historiografia que precede o próprio historiador com relação ao seu tema e ao uso historiográfico de suas fontes, permite que o analista aprofunde a consciência histórica sobre si mesmo: saber em que ponto situa-se o seu trabalho, ao lado e contra que campos de possibilidades, diante de que redes intertextuais e inter-historiográficas. Os modos como pretende se aproximar de suas fontes repetem experiências anteriores? Aprimora-as, inverte-as, recusa-as em favor de novas direções?

O quadro, na página seguinte, propõe um roteiro para o tratamento de fontes dialógicas. Os itens indicados não necessariamente precisam ser percorridos como etapas, e não

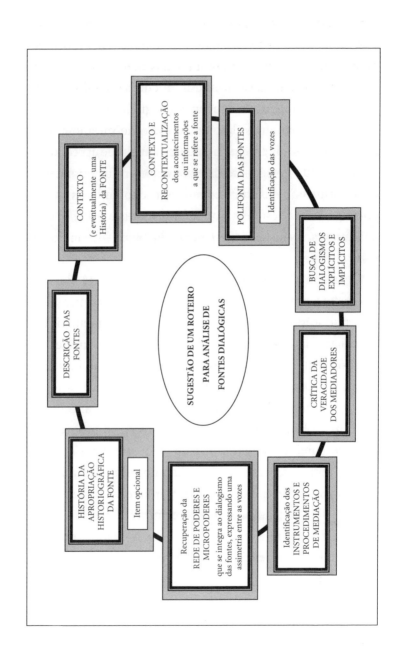

apresentam uma ordem fixa; alguns são mesmo opcionais. Trata-se apenas de um conjunto de sugestões, de um esboço dos procedimentos que podem ser úteis aos analistas de fontes tipicamente dialógicas, como as que até aqui vimos discutindo.

O primeiro item a comentar é um destes que apresento como alternativo, mas de todo modo o deixarei como sugestão. Trata-se de traçar, tão dedicadamente quanto possível, um pequeno histórico do tratamento historiográfico até então dispensado às fontes que agora se toma como *corpus* documental.

Retomemos o texto de Carlo Ginzburg. Ele nos conta logo no início do artigo que é (surpreendentemente) tardia a utilização dos arquivos da Inquisição para finalidades historiográficas (GINZBURG, 1994: 203). Os primeiros historiadores da Inquisição se aproximaram da temática da Inquisição de uma perspectiva da "história da repressão inquisitorial"; foi sob a limitação imposta por este horizonte de expectativas que buscaram apreender as fontes que poderiam ser constituídas pelos processos da Inquisição – dezenas de milhares na Itália, e cerca de dois mil processos de julgamentos inquisitoriais só no Friuli, que foi o universo investigado por Ginzburg. Eram de um lado historiadores protestantes de período posterior, que desejavam iluminar o heroísmo de seus antecessores frente à perseguição católica; ou que estavam interessados em revelar traços da crueldade dos repressores que pertenciam à tradição adversária.

Por outro lado, os historiadores que assumiam a perspectiva católica de uma História da Igreja eram compreensivamente relutantes em se aproximar historiograficamente daqueles processos, tanto porque lhes era algo penoso descortinar o papel de seus irmãos de fé como torturadores, ainda que de hereges, como porque tendiam ou pretendiam "minimizar o impacto da Reforma", para aqui retomar uma observação do próprio Carlo Ginzburg (1994: 204). Por fim, os historiadores liberais, que não se posicionavam religiosa ou eclesiasticamente, também não se interessavam pelos processos de inquisição. Ginzburg nos explica por que:

> Sempre se considerou que as provas de bruxaria, fornecidas pelos julgamentos, eram um misto de extravagâncias teológicas e superstições populares. Estas eram, por definição, irrelevantes; aquelas podiam ser mais facilmente encaradas nos tratados demonológicos. Para os estudiosos que pensavam que o único tema histórico "válido" era a perseguição, e não o seu objeto, percorrer as longas e muito provavelmente repetitivas confissões dos homens e das mulheres acusados de feitiçaria era, de fato, uma tarefa fastidiosa e inútil (GINZBURG, 1994: 204).

Ginzburg coloca com particular clareza o problema, neste pequeno balanço inicial da "história da apropriação historiográfica das fontes inquisitoriais". Esta história – paralela à história de como a bruxaria "passou da periferia para o centro das questões históricas 'válidas'" (GINZBURG, 1994: 205) – mostra-nos nos seus primeiros momentos um interesse meramente eclesiástico (a favor ou contra a Reforma). Trata-se de uma apropriação historiográfica das fontes que é realizada ainda da perspectiva de uma história eclesial – de uma História da Igreja, examinada por um lado ou pelo outro – e não ainda da perspectiva de uma história religiosa, de uma história da religiosidade, e muito menos de uma "história do discurso religioso", para não falar das possibilidades de uma "história cultural" que toma estas fontes inquisitoriais como um caminho interessante para indagar sobre muitas outras coisas para além da religião ou das práticas religiosas em si mesmas.

O que nos mostra Ginzburg no seu balanço é que uma nova pergunta ou uma nova ênfase podem abrir significativos e inusitados caminhos para a exploração de novas potencialidades em uma fonte ou tipo de fonte. Na história da apropriação historiográfica das fontes inquisitoriais, a estagnação ou o desinteresse dos primeiros tempos só puderam ser efetivamente superados com o deslocamento do enfoque na "perseguição eclesiástica" para o enfoque no discurso, no cotidiano, nas práticas culturais, bem como nos novos agentes históricos (os que entretecem uma história vista de baixo) – enfim, toda uma série de novas perspectivas que motivava a fazer com que o olhar historiográfico fosse deslocado da perseguição para o depoimento dos acusados. Nesta virada para um novo enfoque se insere o seu próprio trabalho.

Um balanço como o realizado acima – que de resto é recomendável como procedimento útil para o trabalho com qualquer tipo de fonte historiográfica, e não apenas para as dialógicas – permite que um historiador adentre o seu tema em maior nível de consciência historiográfica. Por vezes uma leitura como esta sobre a produção historiográfica anterior voltada para o tema, ou em torno das fontes escolhidas, permite que se tenha uma maior clareza sobre o que se ganha e o que se perde com a adoção de uma ou outra perspectiva. Colocar-se diante (e dentro) da história de uma produção historiográfica ajuda a escolher o caminho adequado, com plenos benefícios para a pesquisa. Por isto indico este procedimento como um item alternativo, mas a meu ver importante.

O segundo item recomendado no roteiro – o qual pode ser visto no topo do hemisfério superior do esquema proposto, e que na verdade é o ponto de partida dos itens obrigatórios – corresponde à "descrição das fontes". Sua forma textual, seu suporte material, o idioma, o tipo de vocabulário, o padrão de conteúdo – trata-se aqui de se aproximar de uma compreensão o mais abrangente e complexa quanto possível das próprias fontes, o que de resto prosseguirá nos itens seguintes. Se tratamos com processos inquisitoriais do século XVI, teremos que nos familiarizar com a estrutura do processo inquisitorial, compreender seu dialogismo, sua dinâmica interna, os tipos obrigatórios que o articulam (acusadores, investigadores, réus, testemunhas), e ainda as práticas que o estabelecem (investigação, inquérito, eventualmente a tortura). Se utilizamos como fontes historiográficas os relatos de viagem, será preciso compreender o que são os "relatos de viagem" como gênero literário realista, e também compreender mais propriamente estes relatos de viagem específicos que tomamos para nossas fontes. Quem é o emissor desta fonte? Genericamente, quem é o "viajante", e especificamente quem é este viajante? A que público se destina um relato como este? A que práticas culturais este gênero de texto atende? Se é um processo – embora isto seja óbvio –, que finalidade ele cumpre?

Questões como as envolvidas na "descrição das fontes", remetem à necessidade ou possibilidade de alguns textos serem examinados como "processos comunicativos", o que envolve as figuras do emissor e do receptor, a existência de uma mensagem, os objetivos desta (comover, divertir, manipular, seduzir, persuadir, impor, esclarecer, mover, paralisar). No que concerne a processos criminais ou inquisitoriais – documentação complexa que se articula em diversos tipos de texto e em vários níveis –, não se trata de compreender as instâncias de um processo comunicativo, mas sim compreender o papel de cada um dos seus agentes discursivos, e de perceber não propriamente uma mensagem, mas uma finalidade do processo como um todo, para depois, talvez por dentro, retornarmos às mensagens através dos depoimentos que instauram discursos específicos.

O terceiro item recomendado no roteiro, logo em seguida a este, refere-se ao "contexto das fontes". Para o caso das fontes de Richard Price sobre os saramakas, seria o caso esclarecer as "condições de produção" daquelas correspondências pessoais dos missionários morávios, que foram tomadas como documentação central. Se possível, é interessante levantar não apenas o contexto mais imediato das fontes, mas também a sua história como fonte: o contexto que as precede (uma prática dos missionários morávios de registrar relatos e se comunicar com suas bases através de correspondências deste tipo) e também a história posterior: como estas fontes chegaram até nós, que caminhos percorreram até encontrarem seu pouso mais estável em algum arquivo? Para o caso dos "Informantes do Sahagún", seria o caso de nos aproximarmos da história de uma prática jesuítica, de verificar casos que precederam a experiência do jesuíta Sahagún junto aos astecas submetidos pelos conquistadores espanhóis. Se isto for possível, claro. Depois, verificar como estas fontes chegam até nós, historiadores atuais.

Há ainda o "contexto" não da produção da fonte, mas dos fatos ou processos a que ela remete ou se refere. Se se trata de um processo, teremos de esclarecer os aspectos que envolvem o crime ou a acusação de heresia: especificamente *este* crime ou esta acusação de heresia com a qual estamos lidando. Quem são os personagens envolvidos na trama? Que posição ocupam, uns em relação aos outros? Que relações de solidariedade e rivalidade emergem destas relações? Algumas destas perguntas serão preenchidas aos poucos, no decorrer da investigação historiográfica e da análise das fontes, mas apenas as situamos aqui como possibilidades para a constituição do contexto.

Mais ainda, e mais importante: qual é o grande contexto? O que embasa esta sociedade, e o que define os seus grandes horizontes, dos quais nenhum dos atores envolvidos pode escapar, por serem estes os horizontes intransponíveis de sua sociedade e de sua época? Começamos a lançar aqui as bases para entretecer uma história. Se há vários personagens envolvidos, talvez seja mesmo útil construir o contexto de cada um deles; se não aqui, ao menos no momento da investigação em que isto se fizer necessário.

De igual maneira, quando o que investigamos são as práticas ou as repercussões de uma prática, é preciso delinear também o contexto desta prática específica – e não apenas o dos atores sociais que estão com ela envolvidos, ou o contexto dos acontecimentos que tomaram forma através destas relações. A própria prática herdada de outras culturas, quando deslocada para uma nova sociedade, torna-se uma outra coisa, e precisa ser recontextualizada. Pensemos nas heranças medievais e modernas de práticas pagãs, nas sobrevivências das práticas mágicas e da alquimia no século XVIII. Ser um alquimista na era de Newton (e o próprio Newton tinha o seu lado alquimista) é algo bem distinto de ser um alquimista nos tempos medievais de Nicolas Flamel (1330-1418). Uma prática deslocada precisa ser recontextualizada, reinserida em seu "contexto total".

A construção do "Contexto", e eventualmente o que poderá ser entendido como uma "Recontextualização", constitui uma etapa extremamente importante para qualquer tipo de fontes (e não apenas para as dialógicas). Em um artigo que será comentado mais adiante, Edward Palmer Thompson (1924-1993) chama enfaticamente atenção para a necessidade de reinserir as evidências, os discursos, as práticas ou os processos examinados em seu "contexto total". Seu mote para a discussão desta questão, do qual mais adiante nos aproximaremos em maior nível de profundidade, é a crítica da sempre incorreta análise descontextualizada dos folcloristas que examinam rituais e práticas culturais como meras permanências de tradições anteriores, e a necessidade que deve ser perseguida pelos historiadores culturais de compreender estes mesmos rituais e práticas à luz das novas funções e usos correntes que estas práticas assumem em outras sociedades[23]. Um antigo ritual pagão deslocado para uma sociedade cristã industrial e para um ambiente urbano já é uma outra coisa, que não mais o que era nos seus tempos romanos. Com relação a esta preocupação historiográfica fundamental a que chamaremos de "recontextualização", mais do que de uma "contextualização" – pois neste caso específico tratam-se de práticas que foram produzidas em uma configuração social, mas deslocadas para outra – poderemos tomar emprestadas as irretocáveis palavras de Edward Thompson:

> O significado de um ritual só pode ser interpretado quando as fontes (algumas delas coletadas por folcloristas) deixam de ser olhadas como fragmento

---

[23]. THOMPSON, E.P. "Folclore, Antropologia e História Social". *As peculiaridades dos ingleses e outros artigos*. Campinas: Unicamp, 2001, p. 231.

folclórico, uma "sobrevivência", e são reinseridas no seu contexto total (THOMPSON, 2001: 238)[24].

Retomado o nosso esquema sobre a crítica documental, os próximos procedimentos referem-se já especificamente às fontes dialógicas. Enquanto os quatro procedimentos até aqui propostos referem-se a todos os tipos de fontes (e não apenas às narrativas, como também às serializáveis e outras) – isto no sentido de que para toda fonte será útil recuperar a rede historiográfica que já a abordou, empreender a sua descrição tão complexa quanto possível, e adentrar os contextos tanto da própria produção da fonte como do processo a que ela se refere –, os procedimentos seguintes são especificamente voltados para o trabalho sobre as fontes dialógicas.

O quinto procedimento indicado refere-se à identificação e descrição da "polifonia interna das fontes". Trata-se de identificar as várias vozes que compõem esta trama polifônica, situando-as em seus níveis arqueológicos (para utilizar a metáfora de Michel Foucault). Almeja-se compreender cada uma delas em um nível que se aproxima ou se afasta mais do historiador, perceber as mediações que lhes são interpostas. Trata-se ainda de entrever os seus diálogos, perceber como se situam umas em relação às outras não apenas nos termos da espacialidade arqueológica do discurso (os níveis de mediação), mas também como as diversas vozes interagem na polifonia textual.

---

24. Em outro ponto do artigo, Thompson acrescenta: "Entretanto, a História é uma disciplina do contexto e do processo: todo significado é um significado-dentro-de-um-contexto e, enquanto as estruturas mudam, velhas formas podem expressar funções novas, e funções velhas podem achar sua expressão em novas formas" (THOMPSON, 2001, p. 243).

Lembremos aqui o que é uma "polifonia" na teoria musical, campo que inspira esta metáfora. A polifonia é a modalidade de música, o método de apresentação musical, no qual diversas vozes soam juntas, sem que uma tenha precedência sobre as demais. Exemplos conhecidos são as fugas ou os corais de Johan Sebastian Bach e de outros compositores barrocos e renascentistas, em cuja música há baixos, tenores, sopranos e contraltos, ou ainda as composições nas quais diversificados instrumentos entoam melodias distintas. Uma fonte histórica "polifônica" será aquela na qual se expressam efetivamente diversas vozes – por vezes explicitamente, através de um espaço que lhes é concedido para a fala; por vezes implicitamente, através do discurso de um outro que mesmo sem querer termina por permitir que outras vozes falem no interior de seu discurso. Trata-se de uma situação análoga à da jovem adolescente que vai ao psicanalista e na sua fala deixa escapar, diretamente ou através de atos falhos, a voz do pai, do irmão, da mãe, do namorado que a traiu, do professor por quem nutre paixões secretas.

Perceber polifonias no discurso requer sensibilidade, mais ainda do historiador, já que ele lida com planos polifônicos envolvendo várias épocas. Entre as várias vozes com as quais irá lidar está a sua mesma. É preciso não deixar que esta sufoque as vozes históricas sobre as quais tem ele a responsabilidade de trazer à vida, de recuperar a dimensão exata da sua música. É preciso evitar que a sua voz, com sua especificidade e seus limites, contamine as demais. Isso seria o "anacronismo" – o pecado máximo do historiador, segundo Lucien Febvre –, que corresponde a deixar inadvertidamente que a melodia específica da temporalidade presente tome o lugar das demais com seus ritmos e soluções melódicas específicas. Temos aqui a historiadora feminista que enxerga em Safo reivindicações que são apenas suas, ou o historiador revolucionário que quer enxergar o socialismo em John Ball, ou ainda o historiador protestante que convoca para a sua causa reformista todos os hereges queimados pela Inquisição. Mas a voz do historiador existe; é preciso lidar com ela, deixar que também se expresse, para que não se caia na ilusão positivista que deslocava a melodia do historiador para a austera posição de um maestro protegido pela neutralidade científica.

Recomenda-se refletir, para as fontes dialógicas, sobre as várias vozes que adquirem vida através da investigação. Depois, agrupá-las segundo as afinidades, consoante critérios que só poderão ser definidos pelo problema histórico que está orientando a pesquisa e a reflexão historiográfica. Poderemos agrupar as vozes por classes sociais, mas também por relações de solidariedade, rivalidade ou preconceito em relação ao acusado que se senta no banco dos réus. Poderemos partilhá-las por gerações ou por gêneros, se o problema da pesquisa apontar para uma coisa ou outra. Poderemos criar critérios que combinem o gênero e as categorias profissionais, de modo a distinguir as mulheres operárias das que trabalham no comércio a varejo. Poderemos até mesmo criar um recurso para clarear o timbre de cada uma das vozes envolvidas, como fez Richard Price ao escolher um padrão tipográfico para cada um dos atores sociais que são postos a falar em seu livro *Alibi's Word* (1990).

Uma tarefa mais difícil do historiador dialógico é a busca de dialogismos implícitos (item 6). Pela sua própria estrutura, um texto pode registrar explicitamente a voz do outro, como é o caso dos processos criminais e inquisitoriais.

O padrão de pergunta e resposta não deixa dúvidas com relação à estrutura dialógica de uma situação, embora também tenhamos os clássicos exemplos dos *Diálogos* de Platão, mais monólogos disfarçados em estrutura dialógica do que qualquer outra coisa. Exceção feita ao *Banquete* – obra dialógica por excelência –, a maior parte dos diálogos platônicos apenas forja uma estrutura de oposição interativa. Isto também podia ocorrer, é preciso ressalvar, mesmo no dialogismo inquisitorial, nas ocasiões em que "as respostas dos réus não eram mais do que o eco das perguntas dos inquisidores" (GINZBURG, 1991: 208).

Tanto a percepção do "monódico" que se esconde sob a aparência polifônica (ou do monólogo que se esconde na estrutura de diálogo), como a percepção do "dialogismo implícito" (item 7), eis aqui algo que requer um nível maior de sensibilidade do historiador. Com relação a este último aspecto, Ginzburg cita (dialogicamente) um texto de Roman Jakobson (1896-1982), o grande linguista russo que foi pioneiro da análise estrutural da linguagem. Jakobson antecipa Bakhtin na sua percepção radical do dialogismo humano, e nos diz que "o discurso interior é na sua essência um diálogo, e todo discurso indireto é uma apropriação e uma remodelação por parte daquele que cita, quer se trate da citação de um *alter* ou de uma fase anterior do ego"[25]. O dialogismo, enfim, pode se esconder mesmo no interior do discurso do "Eu".

Ao sexto item do esquema de procedimentos para a análise dialógica chamaremos de "crítica de veracidade dos mediadores". Para entender este item retornemos agora ao

---

25. JAKOBSON, R. "Language in Operation". *Milanges Alexandre Koyr, II*: L'aventure de l'sprite. Paris: [s.e.], 1964, p. 273.

texto "O inquisidor como antropólogo", de Carlo Ginzburg (1989), no sentido de avançar na compreensão de certos aspectos relativos às fontes dialógicas e extrair mais sugestões de procedimentos a serem incorporadas ao nosso roteiro.

Quando lidamos com fontes dialógicas, e particularmente com fontes processuais, devemos tentar entender em um primeiro momento o nosso "filtro", os mediadores que se interpõem entre nós e os acusados, testemunhas, e outros agentes emissores dos discursos que nos interessam em última instância (isto, é claro, quando não estamos diretamente interessados no discurso destes mediadores: compreender o discurso emitido pelo próprio juiz, inquisidor ou delegado que conduz a investigação criminal).

Admitindo que nosso objetivo é atingir a outra camada arqueológica – a dos acusados da Inquisição, a dos astecas resgatados pelo Padre Sahagún, a dos saramakas catequizados pelos missionários morávios, a dos chineses relatados por Marco Polo, a dos nativos retratados por Debret – teremos que passar obrigatoriamente pela camada mais próxima. Estes mediadores é que nos entregam os discursos dos outros, dos vários atores cujas falas constituirão a base de nosso trabalho. É preciso indagar, antes de mais nada, pelo seu interesse – destes mediadores – em relatar com veracidade o que viram, em registrar com maior ou menor rigor os depoimentos que recolheram, em dar voz aos seus protegidos, aos seus reprimidos, aos seus vencidos. Mais do que isto, será preciso indagar não apenas se eles possuem interesse em agir no plano da veracidade, mas também se eles são capazes de agir neste plano, se para tal estão dotados da necessária "utensilhagem mental" (para retomar aqui a antiga expressão de Lucien Febvre).

Vimos no exemplo de Richard Price, ao menos se levarmos em consideração as críticas que Eric Hobsbawm dirige ao seu trabalho, que os missionários morávios não estavam em grandes condições de compreender o estranho mundo dos saramakas. Compreender a capacidade do "mediador" em se aproximar compreensivamente ou não de uma cultura ou prática cultural que lhe é estranha, ou ao menos lançar uma indagação sobre os níveis possíveis ou os limites desta compreensão, é fundamental para não naufragarmos em nossa viagem de exploração. Como podemos ver nos comentários de Hobsbawm sobre o ensaio de Price, trata-se de uma dupla compreensão: é preciso que nós compreendamos os nossos mediadores, e que em seguida compreendamos a compreensão que lhes foi possível sobre os seus inquiridos, seus nativos protegidos, seus saramakas, seus "outros" de vários tipos. Sobre seus próprios mediadores – os inquisidores do século XVI – Ginzburg tem algo a dizer:

> Foi a ânsia de verdade por parte do inquisidor (a sua verdade, claro) que permitiu que chegasse até nós essa documentação, extraordinariamente rica, embora profundamente deturpada pela pressão psicológica e física a que os acusados estavam sujeitos. Há, nas perguntas dos juízes, alusões mais que evidentes ao *sabat* das bruxas – que era, segundo os demonologistas, o verdadeiro cerne da feitiçaria: quando assim acontecia, os réus repetiam mais ou menos espontaneamente os estereótipos inquisitoriais então divulgados na Europa pela boca dos pregadores, teólogos, juristas etc. (GINZBURG, 1994: 206).

Ginzburg expõe alguns problemas nesta interessante passagem. Fala-nos, por exemplo, da "contaminação". Ainda que reconheça a "veracidade" (ou a intenção de veracidade) dos seus mediadores – aspectos que já comentarei –, observa um limite a ser considerado pelo analista historiador. As perguntas, por vezes, já comportam respostas, ou se abrem a certos padrões de respostas e não a outros.

Um certo vocabulário que se utiliza na pergunta pode contaminar de alguma maneira a resposta; um certo imaginário pode passar daquele que indaga àquele que responde. Este aspecto é um limite, mas também é uma riqueza. O próprio inquisidor que indaga, talvez ele mesmo já tenha sido contaminado pelos demonologistas, teólogos e pregadores de sua época. Mesmo que não fosse, ainda assim o próprio réu pode já ter sentado no banco da Inquisição com conhecimento de certas imagens que fazem parte do outro campo cultural. Quando se estabelece o espaço da não comunicação, quando ele se vê incapaz de transmitir uma imagem ou sensibilidade que é só sua, e que não existe no sistema cultural ou vocabular dos seus inquisidores, tentará romper o espaço de não comunicação – que de todo modo é extremamente perigoso para quem está sob a ameaça de tortura – e talvez tente encontrar junto aos seus inquiridores uma linguagem ou repertório de sensibilidades em comum, algo que percebeu no seu horizonte de expectativas ou, de modo diverso, algo que escutou no mundo externo, e que supõe ser compreensível ao inquisidor. No caso do réu, por vezes ele quer escapar dali, nem que seja para a fogueira. Seu desejo é restabelecer um espaço de comunicação. O silêncio é perigoso, e pode ser mesmo muito doloroso.

Não é apenas sob pressão que a contaminação ocorre. Quantas concessões culturais tiveram de ser feitas pelos astecas, a quem o padre jesuíta Sahagún pretendeu dar alguma voz, quando percebiam que seu protetor não conseguia penetrar no seu mundo? As palavras também são mediadores, como as imagens. Quantas aproximações deverão ter experimentado para estabelecer uma ligação entre dois mundos tão distintos como o dos europeus e o dos astecas no século XVI. Alguns destes tateamentos para preencher um espaço de não comunicação, com vistas a restabelecer a comunicação solidária entre o jesuíta e os nativos oprimidos, devem certamente ter ficado registrados nos depoimentos que hoje constituem a chamada documentação dos "Informantes de Sahagún".

Quantas manobras discursivas, torcendo e retorcendo padrões de sensibilidade, não terão sido feitas pelos quilombolas saramakas diante dos missionários morávios que tentavam catequizá-los, mas que se mostravam tão ineptos para a função de mediação que neles deveria ser perseguida como a principal virtude, se queriam mesmo trazer os saramakas para o seu mundo religioso. Como confiar diretamente no missionário morávio, tomando por base a correspondência que trocava com outro indivíduo de sua mesma espécie?

Para o seu universo dialógico, Ginzburg reconhece a "ânsia de verdade" dos seus inquisidores. Existe outra passagem em seu artigo que é uma das mais brilhantes formas de descrever o dialogismo que também atinge o próprio historiador.

> O que os juízes da Inquisição tentavam extorquir às suas vítimas não é, afinal, tão diferente daquilo que nós mesmos procuramos – diferentes sim eram os meios que usavam e os fins que tinham em vista. Quando eu estava a ler processos dos tribunais da Inquisição, muitas vezes dava por mim a espreitar por cima do ombro do inquisidor, seguindo os seus passos, na esperança que também ele teria, de que o réu confessasse as suas crenças – por sua conta e risco, claro. Esta contiguidade com a posição dos

inquisidores não deixa de entrar em contradição com a minha identificação com os réus. Mas não gostaria de insistir neste ponto (GINZBURG, 1994: 206).

Claro. Ginzburg discorre aqui sobre as tensões que se produzem diante daquilo que se chama hoje de "politicamente correto". Não fica bem espreitar por cima dos ombros do inquisidor para escutar a sofrida voz do réu, embora seja exatamente isto que o historiador acaba tendo de fazer. Mas, de todo modo, ao confessar a identificação com a ânsia de verdade do inquisidor, com o seu desejo de dar voz ao outro mesmo que para finalidades que o historiador reprovaria, é preciso também contrabalançar isto com a declaração de identificação com o réu. Não é possível aprovar nem os meios inquisitoriais nem os fins que se tinha em vista. Com esta frase, Carlo Ginzburg dialoga com os leitores de seus livros. Também é dialógica esta relação entre um autor e seus leitores. Mas, enfim, também não há muito que insistir sobre este ponto.

Deve-se atentar ainda, e isto pode ser registrado como um sétimo item a ser considerado para a abordagem das fontes dialógicas, a identificação e análise dos "instrumentos e procedimentos de mediação". A "tortura" em contextos como o da Inquisição ou o das ditaduras militares, é um procedimento óbvio para os modelos de interrogatório violentos, e está relacionado à "assimetria entre as vozes", da qual falarei no próximo item. Mas há também inúmeros outros instrumentos de mediação ou intervenção que podem alterar o conteúdo ou o registro das vozes. Na documentação policial, como por exemplo nas "ocorrências", deve-se considerar a intervenção do escrivão que anota os depoimentos, mas que nesta operação já os altera eventualmente; e mesmo um certo padrão prévio de maneiras de redigir pode estar entre os elementos capazes de distorcer as vozes, menos ou mais levemente.

Uma recomendação final é recuperar a rede de poderes, e eventualmente de micropoderes, que se integra ao dialogismo das fontes (item 8). Tal como nos mostra Carlo Ginzburg (GINZBURG, 1994: 208), o inquisidor e seu réu – embora se situem no plano do discurso como duas vozes de igual ressonância para o historiador – estão em situação de desigualdade, o mesmo ocorrendo com o antropólogo e os seus nativos ou outros informadores. Aqui aparecem situações que envolvem poderes reais e simbólicos, mas que em todo o caso expõem uma assimetria entre as vozes examinadas. Há também uma assimetria entre os quilombolas saramakas e os missionários morávios estudados por Richard Price, embora seja difícil dizer quem está em posição mais confortável perante o outro. São assimetrias em que um poder não se impõe sobre a voz oprimida, tal como é o caso óbvio da Inquisição ou do poder simbólico que exerce o jesuíta Sahagún sobre os astecas já sobreviventes de uma sociedade destroçada pelos espanhóis. Entre os saramakas e os missionários morávios temos poderes e micropoderes que se confrontam. O primeiro grupo se esquiva do segundo; este, por sua vez, acredita ter exercido algum poder simbólico, quando na verdade apenas foi empurrado para o mundo da não comunicação. Não há poder mais sutil que o de enganar o antropólogo ou o missionário.

Os modernos processos criminais e inquisitoriais são similares tanto no dialogismo como no fato de serem fontes intensivas, particularmente atentas aos detalhes, ao que pode ser revelado subitamente através de um gesto, de um ato falho, daquilo que escapa pelas margens. Na seguinte passagem de

"O inquisidor como antropólogo", Carlo Ginzburg expressa este último aspecto, o da intensividade das fontes, com particular clareza:

> É verdadeiramente espantosa a riqueza etnográfica dos julgamentos do Friuli. As palavras, os gestos, o corar súbito do rosto, até os silêncios – tudo era registrado com meticulosa precisão pelos escrivães do Santo Ofício. De fato, para os inquisidores, sempre tão desconfiados, qualquer pequena pista poderia constituir um avanço considerável no sentido da verdade (GINZBURG, 1994: 209).

O que a fonte devolve ao historiador

Concluo aqui esta reflexão sobre a expansão documental e, particularmente, sobre as abordagens possíveis para o tratamento dialógico de alguns tipos de fontes. Posso lembrar, como um comentário final, um aspecto interessante, ou mesmo curioso. Ao trabalhar com fontes de natureza diversa, no sentido de analisá-las, o historiador também termina por se beneficiar de um longo aprendizado relacionado à possibilidade de incorporar, também nos seus modos de escrita, a linguagem ou recursos presentes nas fontes que analisa. Assim, podemos nos indagar a respeito daquilo que se aprende com as "fontes dialógicas" em termos de formas de expressão. De alguma maneira, o historiador que se torna hábil em decifrar as vozes internas de uma fonte dialógica torna-se potencialmente apto a desenvolver uma "escrita polifônica"[26]. As experiências estão abertas.

---

[26]. Richard Price, no seu estudo sobre os saramakas, trabalha com quatro vozes que são simbolizadas por quatro padrões tipográficos, o que constitui também uma novidade em termos de utilização da visualidade da escrita (PRICE, R. *Alabi's World*. Baltimore: [s.e.], 1990).

4

Espaço e História*

Já se disse que "a História é o estudo do homem no tempo" (ou dos homens no tempo). A definição foi proposta por Marc Bloch por volta de meados do século XX[1], mas hoje parece tão óbvia que já deve ter sido mencionada inúmeras vezes em obras de Historiografia, e certamente na maioria dos manuais de História. No entanto, quando Marc Bloch a propôs, estava confrontando esta definição a uma outra que também parecera perfeitamente óbvia aos historiadores do século XIX: "a História é o estudo do passado humano".

A ideia de "estudo", que aparece em ambas as definições, aliás, é particularmente sintomática, e assinala um momento no século XIX em que a História passa a ser considerada uma ciência – uma ciência interpretativa, com seus métodos próprios e abordagens teóricas, e que deve se processar sob o *métier* de um novo tipo de estudioso e especialista que é

---

* Conferência proferida na Fundação Universitária Regional de Blumenau (Furb). Blumenau, 26 de outubro de 2005. Posteriormente o texto foi publicado na revista *Vária História* (BARROS, J.D'A. "História, tempo e espaço – Interações necessárias". *Vária História* – Revista de História da Universidade Federal de Minas Gerais, vol. 22, série 36, dez./2006, p. 460-475.

1. BLOCH, M. *Apologia da História*. Rio de Janeiro: Zahar, 1997, p. 55.

o historiador (no sentido acadêmico). O historiador – no sentido moderno, e não no antigo – era a partir daqui esta figura de conhecimento que, no século XVIII, estivera ainda inserida embrionariamente dentro da polivalência do filósofo de tipo iluminista como uma de suas inúmeras facetas (Voltaire, David Hume, Montesquieu e muitos outros filósofos escreveram eventualmente obras de História, ao mesmo tempo em que elaboravam ensaios voltados para a reflexão metafísica, para a estética, para a ética, para a política ou para a epistemologia).

Antes de se tornar "estudo", a História fora muitas coisas, inclusive algo que – de maneira igualmente óbvia para os homens de outro tempo – definira-se como o "*registro* do passado humano". A passagem do mero "registro" ao "estudo" é, como se disse, particularmente sintomática; mas por hora retornemos ao que há de propriamente distintivo em definir a História como "estudo do passado humano" ou como "estudo do homem no tempo".

Quando se diz que "a História é o estudo do homem no tempo", rompe-se com a ideia de que a História deve examinar apenas e necessariamente o passado. O que ela estuda na verdade são as ações e transformações humanas (ou permanências) que se desenvolvem ou se estabelecem em um determinado período de tempo, mais longo ou mais curto. Tem-se aqui o estudo de certos processos que se referem à vida humana numa *diacronia* – isto é, no decurso de uma passagem pelo tempo – ou que se relacionam de outras maneiras, mas sempre muito intensamente, com uma ideia de "temporalidade" que se torna central neste tipo de estudo. Vista desta maneira a partir da terceira década do século XX, a História expandia-se extraordinariamente no campo das Ciências Humanas. Com esta nova redefinição – constantemente confirmada por uma considerável e progressiva variedade de novos objetos e subespecialidades – a História assenhoreava-se, por exemplo, do mais recente de seus domínios: o tempo presente. Estudar o momento presente, com vistas a perceber como este momento presente é afetado por certos processos que se desenvolvem na passagem do tempo, ou como a temporalidade afeta de diversos modos a vida presente – incluindo aí as temporalidades imaginárias da memória ou da ficção – passava a ser também uma das tarefas do historiador.

História: estudo do homem no tempo e no espaço

Definir a História como o estudo do homem no tempo foi, portanto, um passo decisivo para a expansão dos domínios historiográficos. Contudo, a definição de História, no seu aspecto mais irredutível, deve incluir ainda uma outra coordenada para além do "homem" e do "tempo". Na verdade, a História é o estudo do homem no *tempo* e no *espaço*. As ações e transformações que afetam aquela vida humana que pode ser historicamente considerada dão-se em um espaço que muitas vezes é um espaço geográfico ou político, e que, sobretudo, sempre e necessariamente constituir-se-á em espaço social. Mas com as expansões dos domínios históricos que começaram a se verificar no último século, este espaço também pode ser perfeitamente um "espaço cultural", definido por instâncias antropológicas, ou mesmo um "espaço imaginário" (o espaço da imaginação, da iconografia, da literatura); adivinha-se mesmo que, em um momento que não deve estar muito distante, os historiadores estarão também estudando o "espaço virtual", produzido através da comunicação virtual ou da tecnologia artificial. Pode-se dar que, em um futuro próximo, ouçamos falar em uma modalidade de História Virtual, na qual poderão ser examinadas as relações que se estabelecem nos espaços sociais artificialmente criados nos chats da internet, na espacialidade imaginária das webpages ou das simulações informáticas, ou mesmo no espaço de comunicação quase instantânea dos correios eletrônicos – estas fontes históricas com as quais também terão de lidar os historiadores do futuro. Mas, por hora, consideraremos apenas o espaço nos seus sentidos tradicionais: como lugar que se estabelece na materialidade física, como campo que é gerado através das relações sociais, ou como realidade que se vê estabelecida imaginariamente em resposta aos dois fatores anteriores.

Tão logo se deu conta da importância de entender o seu ofício como a ciência que estuda o *homem* no *tempo* e no *espaço* – e essa percepção também se dá de maneira cada vez mais clara e articulada em meio às revoluções historiográficas do século XX –, os historiadores perceberam a necessidade de intensificar a sua interdisciplinaridade com outros campos do conhecimento. Emergiu daí uma importantíssima interdisciplinaridade com a Geografia, ciência que já tradicionalmente estuda o espaço físico – e, se considerarmos outras formas de espaço como o "espaço imaginário" e o "espaço literário", poderíamos mencionar ainda a interdisciplinaridade com a Psicanálise, com a Crítica Literária, com a Semiótica e com tantas outras disciplinas que ofereceram novas possibilidades de métodos e técnicas aos historiadores.

Na verdade, a noção de *espacialidade* foi se alargando com o desenvolvimento da Historiografia do século XX: do espaço físico ao espaço social, político e imaginário, e daí até a noção do espaço como "campo de forças" que pode inclusive reger a compreensão das práticas discursivas. Neste momento, contudo, iremos nos concentrar nas noções de espaço que surgem a partir da interdisciplinaridade com a Geografia.

Conceitos interdisciplinares associados ao espaço

A interdisciplinaridade entre a História e a Geografia é estabelecida, entre outros aspectos, através de conceitos como "espaço", "território", "região", e é sobre eles que passaremos a refletir nas próximas linhas. Em uma de suas instâncias mais primárias, o *espaço* pode ser abordado como uma área indeterminada que existe previamente na materialidade física (e, neste caso, ainda não estaremos considerando as noções de "espaço social", de "espaço político", de "espaço imaginário" e de "espaço literário" que já foram mencionadas). Foi a partir desta noção fundadora que, na Geografia tradicional, começaram a emergir outras categorias como a de "paisagem", "território" e "região" – noções das quais logo os historiadores começariam a se apropriar para seus próprios fins.

Grosso modo, uma *região* é uma unidade definível no espaço, a qual se caracteriza por uma relativa homogeneidade interna com relação a certos critérios. Os elementos internos que dão uma identidade à região (e que só se tornam perceptíveis quando estabelecemos critérios que favoreçam a sua percepção) não são necessariamente estáticos. Daí que a região também pode ter sua identidade delimitada e definida com base no fato de que, dentro dos seus limites, pode ser percebido um certo padrão de inter-relações entre elementos. Vale dizer, a região também pode ser compreendida como um sistema de movimento interno. Por outro lado, além de se configurar em uma porção do espaço organizada de acordo com um determinado sistema ou identificada através de um padrão, a região quase sempre se insere ou pode se ver inserida em um conjunto mais vasto.

Esta noção mais ampla de região – como unidade que apresenta uma lógica interna ou um padrão que a singulariza, e que ao mesmo tempo pode ser vista como unidade a ser inserida ou confrontada em contextos mais amplos – abrange na verdade muitas e muitas possibilidades. Conforme os critérios que estejam sustentando nosso esforço de aproximação da realidade, vão surgindo concomitantemente as várias alternativas de dividir o *espaço*, antes indeterminado, em *regiões* mais definidas. Posso estabelecer critérios econômicos – relativos à produção, circulação ou consumo – para definir uma região ou dividir uma espacialidade mais vasta em diversas regiões. Posso amparar-me em critérios culturais – considerar uma região linguística, ou um território sobre o qual são perceptíveis certas práticas culturais que o singularizam, determinados modos de vida e padrões de comportamento nas pessoas que o habitam. Posso me orientar por critérios geológicos – e estabelecer em um espaço mais vasto as divisões que se referem aos tipos de minerais e solos que predominam em uma área ou outra – ou posso ainda considerar zonas climáticas. A Geografia, como é de se esperar, privilegia certos critérios: muito habitualmente lança luz sobre certos aspectos que se relacionam com a materialidade física, e pode ou não inter-relacionar estes aspectos a outros de ordem cultural (como é o caso, de modo geral, da Geografia Humana).

Uma noção importante a ser considerada aqui, antes de examinarmos como a História pode se beneficiar da abordagem geográfica, é a de "paisagem". Para a Geografia, uma *paisagem* é uma associação típica de características geográficas concretas que se dão numa região – ou numa extensão específica do espaço físico – e constitui um determinado padrão visual que se forma a partir destas características que a singularizam (pensemos na paisagem de um deserto, de uma floresta, ou de uma cidade). Podemos falar de uma "paisagem natural", mas também de uma "paisagem cultural" – esta última dando a perceber as interferências do homem que acabam por imprimir-se na fisionomia de um determinado espaço, conferindo-lhe uma nova singularidade.

Uma paisagem geográfica, desta maneira, surge em decorrência da repetição – em uma determinada superfície ou espaço – de certos elementos produzidos por combinações de formas e que, conforme já foi dito, tanto podem ser físico-naturais como humanos. A paisagem pode coincidir com uma "região natural" – conceito que definiremos a seguir – ou pode ser derivada de um padrão cuja singularidade associa-se a um tipo de ocupação agrícola ou organização humana do espaço. Para estes últimos casos, um campo de trigo ou uma cidade de alta densidade demográfica podem ser apontados como exemplos de paisagens que têm elaboradas culturalmente as suas materialidades físicas; e a multidiversificada vegetação que recobre uma floresta virgem, ou a vasta extensão de areia que constitui um deserto inóspito, podem ser indicados como exemplos de paisagens que coincidem com "regiões naturais".

A *paisagem*, este padrão de visualidade que se mostra ao homem no seu estado de percepção mais espontânea, foi por motivos óbvios o primeiro grande aspecto a ser considerado pelo conhecimento geográfico no seu esforço de compreensão do mundo. Aliada ou não à percepção mais imediata de uma determinada paisagem, a noção de "região natural" cedo constituiu-se em outra das mais primordiais noções geográficas, e baseia-se francamente no papel desempenhado por certos elementos físicos na organização do espaço. Pode-se considerar, neste caso, uma bacia hidrográfica, um conjunto afetado por um tipo de clima, ou uma montanha – e a partir deste ou daquele fato natural que assume uma centralidade na percepção ou análise é estabelecida em seguida uma rede de relações ou desdobramentos que terminam por definir o espaço. Exemplos clássicos de "regiões naturais" são as vastas e impenetráveis florestas que ainda resistem em muitas partes do globo às ações depredatórias do homem, ou a inóspita caatinga da qual a vida humana ocupa apenas os interstícios.

Estes e alguns outros são os espaços gerados pela materialidade física do mundo e pela natureza, com nenhuma ou pouca participação do homem. A montanha ou os rios impõem os seus limites e caminhos, uma zona climática dita suas regras. Por outro lado, ocorre também que a política – aqui referida à vasta complexidade de estruturas de poder que estabelecem limites e centros de organização que terminam por reordenar o espaço e a materialidade de múltiplas maneiras – também produz a sua própria espacialidade. Na superfície do globo terrestre formam-se nações, e dentro delas estados, províncias, unidades administrativas, comarcas, cidades.

Todas estas divisões foram criadas pelo homem, e acabam por se superpor de um modo ou de outro às divisões impostas naturalmente, ou também por interagir com as paisagens que podem ser percebidas de diversas maneiras. Deste modo, os aspectos físicos e políticos – geralmente combinados de alguma forma – terminam por serem aqueles que vêm à tona mais espontaneamente quando se pensa em considerar a espacialidade. Todavia, conforme sempre frisamos, estes aspectos podem não ser os mais importantes em função de uma determinada análise da realidade a ser empreendida, seja esta uma análise histórica, geográfica, sociológica, ou antropológica.

História e Geografia: a contribuição de Braudel

Quando os historiadores deram-se conta da necessidade de – sobretudo para certos objetos históricos a serem examinados – colocar em um mesmo nível as noções de *tempo* e *espaço*, logo começaram a dialogar com conceitos mais tradicionais da Geografia, como aqueles que atrás explicitamos. Uma das primeiras escolas geográficas a terem merecido a atenção dos historiadores de novo tipo, e mais particularmente da historiografia original e derivada da Escola dos *Annales*, foi a Escola Geográfica de Vidal de La Blache – geógrafo que já atuava interdisciplinarmente com historiadores a partir de 1905[2]. É a contribuição deste geógrafo com relação às noções de "espaço" e de "região" que veremos em diversas obras de Lucien Febvre, e mais tarde em *O Mediterrâneo* de Fernand Braudel. É ainda um modelo derivado de Vidal de La Blache que encontraremos nas monografias de "História Local" que começam a ser produzidas em quantidade nos anos de 1950.

O modelo geográfico de Vidal de La Blache (1845-1918) constituiu-se por oposição à escola geográfica alemã que se

---

[2]. Vidal de La Blache contribuiu para a História da França de Ernest Lavisse com um primeiro volume intitulado *Tableau de la geographie de la France*.

organizava em torno de Friedrich Ratzel (1844-1904). Enquanto este era francamente determinista, ancorando suas análises na ideia de uma influência mais direta do meio sobre o destino humano, Vidal de La Blache trabalhava mais propriamente com a ideia de um "possibilismo geográfico"[3]. Isto significa que, ainda que trazendo o meio geográfico para o centro da análise da vida humana, Vidal de La Blache buscava enfatizar as diversas possibilidades de respostas que podiam ser colocadas pelos seres humanos diante dos desafios do meio. Para além disto, tinha-se aqui uma geografia cujas noções essenciais eram constituídas a partir dos conceitos da Biologia. A moldura na qual se enquadrava a vida humana não seria tanto a Terra como teatro de operações no qual intervinham os diversos fatores físicos como o clima e a base geológica, mas sim a terra enquanto matéria viva, coberta de vegetação e variedade animal, formadora de ambientes ecológicos e de possibilidades vitais.

As primeiras aplicações historiográficas das concepções espaciais derivadas da Escola Geográfica de Vidal de La Blache apareceriam nas novas obras que, a partir do século XX,

---

[3]. Deve-se ressaltar, todavia, que mesmo Ratzel evitava aquilo que ele denominava "determinismo simplista", ao considerar que as leis que regem a história humana são derivadas de um processo dinâmico e permanente de adaptação ao ambiente, e não propriamente o resultado direto da ação de fatores naturais, tais como o clima ou o relevo. A adaptação do homem ao ambiente, conforme Ratzel propunha, deveria ser compreendida a partir dos modos de apropriação e utilização de recursos naturais para a reprodução dos elementos materiais da cultura. Consoante a esta perspectiva, o desenvolvimento de uma sociedade é interferido pelo meio ambiente na mesma medida em que este proporciona melhor ou pior acesso aos recursos, atuando como estímulo ou obstáculo ao progresso. De todo modo, em comparação à perspectiva de Vidal de La Blache, a posição de Ratzel pode ser considerada francamente determinista.

enfrentaram o desafio de estudar as macroespacialidades. Lucien Febvre já havia se valido francamente da concepção espacial de La Blache para começar a pensar as relações entre o meio físico e a sociedade, e o resultado desta reflexão foi concretizado no livro *A Terra e a evolução humana* (1922)[4]. Contudo, é Fernand Braudel o primeiro a aplicar estas noções a um objeto historiográfico mais específico e de maior magnitude. *O Mediterrâneo e o mundo mediterrânico no tempo de Felipe II* (1945) – obra que se celebrizou por entremear para um mesmo objeto o exame de três temporalidades distintas (a longa, a média e a curta duração), cada qual com seu ritmo próprio – traz precisamente no primeiro volume, dedicado ao estudo de uma longa duração na qual tudo se transforma muito lentamente, um paradigma que marcaria toda uma geração de historiadores: a ideia de estabelecer como ponto de partida da análise historiográfica o espaço geográfico.

Nesta obra de Fernand Braudel, como em Vidal de La Blache, o "meio" e o "espaço" são noções perfeitamente equivalentes. Oscilando entre a ideia de que o meio determina o homem, e a de que os homens instalam-se no meio natural transformando-o de modo a convertê-lo na principal base de sua vida social, Braudel termina por associar intimamente a "civilização" e a "macroespacialidade". Em *O Mediterrâneo* ele afirma que "uma civilização é, na base, um espaço trabalhado, organizado pelos homens e pela história", e em *A civilização material do capitalismo* (1960) reitera esta relação sob a forma de uma indagação: "O que é uma civilização senão a antiga instalação de uma certa humanidade em um

---

[4]. FEBVRE, L. *La terre et la evolution humaine*. Paris: [s.e.], 1922.

determinado espaço?"[5] Esta relação íntima entre a sociedade e o meio geográfico (no sentido lablachiano) estaria precisamente na base da formação de uma nova modalidade historiográfica: a Geo-história.

A Geo-história introduz a geografia como grade de leitura para a História[6]. Ao trazer o espaço para primeiro plano, e não mais tratá-lo como mero teatro de operações – mas sim como o próprio sujeito da História –, possibilita o exame da longa duração, esta história quase imóvel que se desenrola sobre uma estrutura na qual os elementos climáticos, geológicos, vegetais e animais encontram-se em um ambiente de equilíbrio dentro do qual se instala o homem. Rigorosamente falando, não é tanto com a ideia de um "determinismo geográfico" que Braudel trabalha em *O Mediterrâneo*, e sim com a ideia de um "possibilismo" inspirado precisamente na geografia de Vidal de La Blache. Afora isto, o empreendimento a que o historiador francês se dedica nesta obra paradigmática é o de realizar uma "espacialização da temporalidade", e mais tarde ele aprimorará também uma "espacialização da economia", chegando a um conceito de "economias-mundo" que já se encontrará perfeitamente elaborado e sustentado em exemplos históricos com *A civilização material do capitalismo* (1967).

O objeto do primeiro volume de *O Mediterrâneo* – que apresenta a grande originalidade desta obra dividida em três partes relacionadas a cada uma das três temporalidades que

---

5. BRAUDEL, F. *La Méditerranée et le monde méditerranéen à l'époque de Philippe II*. Paris: [s.e.], 1966, p. 107 [original: 1949]. BRAUDEL F. *Civilisation matérielle et capitalisme*. Paris: [s.e.], 1967, p. 95.

6. DOSSE, F. *A História em migalhas*. São Paulo: Ensaio, 1994, p. 136.

marcam os ritmos da História – é a relação entre o homem e o espaço. É esta relação que ele pretende recuperar através de "uma história quase imóvel [...] uma história lenta a desenvolver-se e a transformar-se, feita muito frequentemente de retornos insistentes, de ciclos sem fim recomeçados"[7].

A interação entre o homem e o espaço, as suas simbioses e estranhamentos, as limitações de um diante do outro, tudo isto não constitui propriamente a moldura do quadro que Braudel pretende examinar, mas o próprio quadro em si mesmo. Eis aqui o primeiro ato deste monumental ensaio historiográfico, e é sobre esta história quase imóvel de longa duração – a temporalidade espacializada na qual o tempo infiltra-se no solo a ponto de quase desaparecer – que se erguerá o segundo ato, a "média duração" que rege os "destinos coletivos e movimentos de conjunto", trazendo à tona uma história das estruturas que abrange desde os sistemas econômicos até as hegemonias políticas, os estados e sociedades. Trata-se agora de uma história de ritmos seculares, e não mais milenares, e depois dela surgirá o último andar – a "curta duração" que rege a história dos acontecimentos, formada por "perturbações superficiais, espumas de ondas que a maré da história carrega em suas fortes espáduas"[8].

É fácil perceber como o sujeito da história, nas duas obras monumentais de Braudel, transfere-se do homem propriamente dito para realidades que lhe são muito superiores: "espaço", em *O Mediterrâneo*; "vida material", em *A civilização material do capitalismo*. São estes grandes sujeitos históricos que abrem o campo de possibilismos para as subsequentes histó-

---

[7]. BRAUDEL, F. *Écrits sur l'Histoire*. Paris: Flammarion, 1969, p. 11.
[8]. Ibid., p. 21.

rias dos "movimentos coletivos" e dos "indivíduos". Um dos objetivos centrais de Braudel nesta obra, de fato, é mostrar que tanto a história dos acontecimentos como a história das tendências gerais não podem ser compreendidas sem as características geográficas que as informam e que, de resto, têm a sua própria história longa.

O Mediterrâneo e o mundo mediterrânico no tempo de Felipe II, enfim, é a insuperável obra-prima em que Braudel pretendeu demonstrar que o tempo avança com diferentes velocidades, em uma espécie de polifonia na qual a parte mais grave coincide com a história quase imóvel do espaço, e onde temporalidade e espacialidade praticamente se convertem uma à outra. Paradoxalmente, apesar de ter sido o primeiro a propor uma "história quase imóvel" como um dos níveis de análise, outra grande contribuição de *O Mediterrâneo* foi a de mostrar que tudo está sujeito a mudanças, ainda que lentas, o que inclui o próprio espaço. De fato, a leitura de *O Mediterrâneo* nos mostra que o espaço definido por este grande mar era muito maior no século XVI do que nos dias de hoje, pelo simples fato de que o transporte e a comunicação eram muito mais demorados naquele período[9]. Com isto, percebe-se que a espacialidade dilata-se ou comprime-se no tempo, conforme consideremos um período ou outro nos quais se contraponham diferentes possibilidades dos homens movimentarem-se no espaço. Mais uma vez, homem, espaço e tempo aparecem como três fatores indissociáveis.

---

9. Conforme ressalta Braudel, "cruzar o Mediterrâneo de norte a sul levava de uma a duas semanas", enquanto atravessá-lo de leste a oeste podia consumir "dois ou três meses" (BRAUDEL, F. *La Méditerranée...* Op. cit., p. 363).

Se o espaço está sujeito aos ditames do tempo, por outro lado a temporalidade também está sujeita aos ditames do espaço e do meio geográfico. Apenas para dar um exemplo assinalado por François Dosse, o mesmo *O Mediterrâneo* de Braudel também nos mostra um mundo dicotomicamente dividido em duas estações: enquanto o verão autoriza o tempo da guerra, o inverno anuncia a estação da trégua – uma vez que "o mar revolto não permite mais aos grandes comboios militares se encaminharem de um ponto ao outro do espaço mediterrânico: é, então, o tempo dos boatos insensatos, mas também o tempo das negociações e das resoluções pacíficas"[10]. Desta maneira o clima (um aspecto físico do meio geográfico) reconfigura o espaço, e este redefine o ritmo de tempos em que se desenrolam as ações humanas: espaço, tempo e homem.

A obra de Fernand Braudel também nos permite iniciar outra reflexão que retomaremos mais adiante, a qual se refere à consideração de uma diferença fundamental entre "duração" e "recorte de tempo". Braudel ousou estudar o "grande espaço" no "tempo longo". Quando falamos em "tempo longo" referimo-nos a uma "duração" – ou antes: a um determinado "ritmo de duração". O tempo longo é o tempo que se alonga, o tempo que parece passar mais lentamente. Não devemos confundir "longa duração" com "recorte extenso". O recorte de Braudel em *O Mediterrâneo* – pelo menos o recorte deste trecho da História de que ele se vale para orquestrar polifonicamente as três durações distintas – é o reinado de Felipe II. Braudel não estudou nesta obra um "recorte temporal estendido". Ele estudou um recorte tradicional, que

---

10. DOSSE, F. *A História em migalhas.* Op. cit., p. 140.

cabe em uma ou duas gerações e que coincide com a duração de um reinado, mas examinando através deste recorte a passagem do tempo em três ritmos diferentes. Uma outra coisa seria examinar determinado espaço – grande ou pequeno – em um recorte extenso ou estendido. Dito de outra forma, o ritmo de tempo que o historiador sintoniza em sua análise de certa realidade histórico-social nada tem a ver com o "recorte temporal historiográfico" escolhido por esse mesmo historiador.

Com relação ao seu recorte espacial, Fernand Braudel havia considerado que o Mediterrâneo possuía, sob certos aspectos, uma unidade que transcendia as unidades nacionais que se agrupavam em torno do grande "mar interior", e que ultrapassava a polarização política entre os dois grandes impérios da época: o espanhol e o turco. Por outro lado, o historiador francês precisou lidar com a "unidade na diversidade", e descreve dezenas de regiões autônomas cujos ritmos convergem para um ritmo supralocal. O mundo mediterrânico que ele descreve é constituído por um grande complexo de ambientes – mares, ilhas, montanhas, planícies e desertos – e que se vê partilhado em uma pluralidade de regiões a terem sua heterogeneidade decifrada antes de ser possível propor a homogeneidade maior ditada pelo tipo de vida sugerido pelo Grande Mar. Este foi o desafio enfrentado por Braudel.

A consolidação da História Local

Se Fernand Braudel trabalhou com o "grande espaço", as gerações seguintes de historiadores trouxeram também a possibilidade de uma nova tendência que abordaria o "pequeno espaço". Esta nova tendência, que se fortalece nos anos de 1950, ficou conhecida na França como "História

Local". Também aqui a contribuição da Geografia derivada de Vidal de La Blache destaca-se com particular nitidez, ajudando a configurar um conceito de região, que logo passaria a ser utilizado pelos historiadores para o estudo de microespaços ou espaços localizados, em muitos sentidos dotados de uma homogeneidade bem maior do que os macroespaços que haviam sido examinados por Braudel. Do macroespaço que abriga civilizações, a Historiografia moderna apresentava agora a possibilidade de examinar os microespaços que abrigavam populações localizadas, fragmentos ou setores de uma comunidade nacional mais ampla. A História Local nascia, aliás, como possibilidade de confirmar ou corrigir as grandes formulações que haviam sido propostas ao nível das histórias nacionais. A História Local – e História Regional, como passaria a ser chamada com um sentido um pouco mais específico – surgia como possibilidade de oferecer uma iluminação em detalhe para grandes questões econômicas, políticas, sociais e culturais que até então haviam sido examinadas no âmbito das nações ocidentais.

O modelo de compreensão do espaço proposto pela escola de Vidal de La Blache funcionou adequadamente para diversos estudos associados a esta Historiografia europeia dos anos de 1950, que lidava com aquilo que Pierre Goubert – um dos grandes nomes da História Local – chamava de "unidade provincial comum", e que ele associava a unidades "tal como um *country* inglês, um *contado* italiano, uma *Land* alemã, um *pays* ou *bailiwick* franceses"[11]. Nestes casos e em outros, o espaço escolhido pelo historiador coincidia de modo geral

---

11. GOUBERT, P. "História local". *História & Perspectivas*, jan.-jun./1992, p. 45. Uberlândia.

com uma unidade administrativa e, muitas vezes, com uma unidade bastante homogênea do ponto de vista geográfico ou da perspectiva de práticas agrícolas. Também se tratava habitualmente de zonas mais ou menos estáveis – bem ao contrário do que ocorria em países como os da América Latina durante o período colonial, para os quais devemos considerar a ocorrência muito mais frequente de "fronteiras móveis".

A espacialidade tipicamente europeia em certos recortes temporais – que não coincide com a de outras áreas do planeta e para todos os períodos históricos – permitiu que fosse aproveitado por aqueles historiadores que começavam a desenvolver estudos regionais, cobrindo todo o Antigo Regime, um modelo onde o espaço podia ser investigado e apresentado previamente pelo historiador, como uma espécie de moldura no interior da qual os acontecimentos, práticas e processos sociais se desenrolavam. Frequentemente, e até os anos de 1960, as monografias derivadas da chamada Escola dos *Annales* apresentavam previamente a introdução geográfica, e depois vinha a História, a organização social, as ações do homem. A possibilidade de este modelo funcionar, naturalmente, dependia muito do objeto que se tinha em vista, para além dos padrões da espacialidade europeia nos períodos considerados.

A crítica que depois se fez a este modelo, no qual o espaço era como que dado previamente – tal como aparecia nas propostas derivadas da escola de Vidal de La Blache – é que na verdade estava sendo adotado um conceito não operacional de região. As regiões vinham definidas previamente, como que estabelecidas de uma vez por todas, e bastava o historiador ou o geógrafo escolher a sua para depois trabalhar nela com suas problematizações específicas.

Frequentemente – quando a região coincidia com um recorte político-administrativo que permanecera sem maiores alterações desde a época estudada até o tempo presente – isto representava uma certa comodidade para o historiador, que podia buscar as suas fontes exclusivamente em arquivos concentrados nas regiões assim definidas.

Em seu célebre artigo sobre a "História Local", Pierre Goubert chama atenção para o fato de que a emergência da História Local dos anos de 1950 havia sido motivada precisamente por uma combinação entre o interesse em estudar uma maior amplitude social (e não mais apenas os indivíduos ilustres, como nas crônicas regionais do século XIX) e a utilização de alguns métodos que permitiriam este estudo para regiões mais localizadas – mais particularmente as abordagens seriais e estatísticas, capazes de trabalhar com dados referentes a toda uma população de maneira massiva. Ao trabalhar em suas pequenas localidades, os historiadores poderiam desta maneira fixar sua atenção "em uma região geográfica particular, cujos registros estivessem bem-reunidos e pudessem ser analisados por um homem sozinho"[12]. A coincidência entre a região examinada e uma unidade administrativa tradicional como a paróquia rural ou o pequeno município, podemos acrescentar, permitia por vezes que o historiador resolvesse todas as suas carências de fontes em um único arquivo, ali mesmo encontrando e constituindo a série a partir da qual poderia extrair os dados sobre a população e a comunidade examinada.

Com o progressivo surgimento dos novos problemas e objetos que a expansão dos domínios historiográficos passou a oferecer cada vez mais no decurso do século XX, o modelo de região

---

12. GOUBERT, P. "História Local". Op. cit., p. 49.

derivado da Escola Geográfica de La Blache começou a ser questionado precisamente porque deixava encoberta a questão essencial de que qualquer delimitação espacial é sempre uma delimitação arbitrária, e também de que as relações entre o homem e o espaço modificam-se com o tempo, tornando inúteis (ou não operacionais) delimitações regionais que poderiam funcionar para um período, mas não para outro. Uma paisagem rural facilmente pode se modificar a partir da ação do homem, o que mostra a inoperância de considerar regiões geográficas fixas – e isto se mostra especialmente relevante para os estudos da América Latina no período colonial, mais ainda do que para os estudos relativos à Europa do mesmo período[13]. De igual modo, um *território* (voltaremos a este conceito) não existe senão com relação ao âmbito de análises que se tem em vista, aos aspectos da vida humana que estão sendo examinados (se do âmbito econômico, político, cultural ou mental, por exemplo).

Atrelar o espaço ou o território historiográfico que o historiador constitui a uma preestabelecida região administrativa, geográfica (no sentido proposto por La Blache), ou de qualquer outro tipo, implicava deixar escapar uma série de objetos historiográficos que não se ajustam a estes limites. A mesma comodidade arquivística que pode favorecer ou viabilizar um trabalho mais artesanal do historiador – capacitando-o para

---

13. Mesmo para períodos posteriores, deve ser observada uma distinção na espacialidade de certos países que adquiriram centralidade em termos de domínio econômico e os chamados países subdesenvolvidos. Milton Santos observa que "descontínuo, instável, o espaço dos países subdesenvolvidos é igualmente multipolarizado, ou seja, é submetido e pressionado por múltiplas influências e polarizações oriundas de diferentes tipos de decisão" (SANTOS, M. *O espaço dividido*. São Paulo: Edusp, 2004, p. 21).

dar conta sozinho de seu objeto sem abandonar o seu pequeno recinto documental – também pode limitar e empobrecer as escolhas historiográficas. Uma determinada prática cultural, conforme veremos oportunamente, pode gerar um território específico que nada tenha a ver com o recorte administrativo de uma paróquia ou município, misturando pedaços de unidades paroquiais distintas ou vazando municípios. Do mesmo modo, uma realidade econômica ou de qualquer outro tipo não coincide necessariamente com a região geográfica no sentido tradicional.

A crítica à noção tradicional de região

As críticas aos modelos de recorte regional-administrativo, ou de recortes geográficos à velha maneira de Vidal de La Blache, não surgiram apenas das novas buscas historiográficas, mas também de desenvolvimentos que se deram no próprio seio da geografia humana. Tal como ressalta Ciro Flamarion Cardoso em um ensaio importante sobre a História Agrária, à altura dos anos de 1970 o conceito de "região" derivado da Escola de Vidal de la Blache começou a ser radicalmente criticado por autores como Lacoste[14] – que sustentavam que a realidade impõe o reconhecimento de "especialidades diferenciais, de dimensões e significados variados, cujos limites se recortam e se superpõem, de tal maneira que, estando num ponto qualquer, não estaremos dentro de um, e sim de *diversos* conjuntos espaciais definidos de diferentes maneiras"[15].

---

14. LACOSTE, Y. *La geographie, ça sert d'abord à faire la guerre*. Paris: Maspero, 1976.

15. CARDOSO, C.F. *Agricultura, escravidão e capitalismo*. Petrópolis: Vozes, 1979.

A ideia de tratar sob o ponto de vista das "espacialidades superpostas" a materialidade física sobre a qual se movimenta o homem em sociedade, incluindo sistemas diversificados que vão da rede de transportes à rede de conexões comerciais ou ao estabelecimento de padrões culturais, aproxima-se muito mais da realidade vivida do que o encerramento do espaço em regiões definidas de uma vez para sempre, e associadas apenas aos recortes administrativos e geográficos que habitualmente aparecem nos mapas. A realidade, em qualquer época, é necessariamente complexa, mesmo que esta complexidade não possa ser integralmente captada por nenhuma das ciências humanas, por mais que estas desenvolvam novos métodos para tentar apreender a realidade a partir de perspectivas cada vez mais enriquecidas.

Território

Outro geógrafo importante para a discussão do espaço, embora ainda pouco utilizado pelos historiadores, é Claude Raffestin, que faz uma distinção bastante interessante entre o "espaço" e o "território". Segundo Raffestin, "o território se forma a partir do espaço, é o resultado de uma ação conduzida por um ator sintagmático (ator que realiza um programa) em qualquer nível. Ao se apropriar de um espaço, concreta ou abstratamente (por exemplo, pela representação), o ator "territorializa" o espaço"[16]. Obviamente que a definição de "espaço" proposta por Raffestin, necessariamente ligada à materialidade física, deixa de fora as possibilidades de se falar em outras modalidades de espaço – como o "espaço social", o

---

16. RAFFESTIN, C. *Por uma geografia do poder*. São Paulo: Ática, 1993, p. 143.

"espaço imaginário", o "espaço virtual" – que se constituem no próprio momento da ação humana. De qualquer modo, o sistema conceitual proposto por Raffestin é importante porque chama atenção para o fato de que a territorialização do espaço ocorre não apenas com as práticas que se estabelecem na realidade vivida, como também com as ações que são empreendidas pelo sujeito de conhecimento:

> "Local" de possibilidades, [o espaço] é a realidade material preexistente a qualquer conhecimento e a qualquer prática dos quais será o objeto a partir do momento em que um ator manifeste a intenção de dele se apoderar. Evidentemente, o território se apoia no espaço, mas não é o espaço. É uma produção a partir do espaço. Ora, a produção, por causa de todas as relações que envolve, inscreve-se num campo de poder. Produzir uma representação do espaço já é uma apropriação, uma empresa, um controle, portanto, mesmo se isso permanece nos limites de um conhecimento[17].

Vale ainda lembrar que a consciência de uma territorialidade que é transferida ao espaço pode transcender o mundo humano. Também os animais de várias espécies, que não apenas o homem, costumam territorializar o espaço com as suas ações e com gestos que passam a delinear uma nova representação do espaço. O lobo que "marca o seu território" cria para si (e pretende impor a outros de sua espécie) uma representação do espaço que o redefine como extensão de terra sob o seu controle. Demarcar o território é demarcar um espaço de poder. No âmbito da macropolítica, não é senão isto o que fazem os Estados-Nações

---

17. Ibid., p. 144.

ao constituir e estabelecer um rigoroso controle sobre suas fronteiras[18].

Mas a noção de território pode ser levada adiante. A combinação das já discutidas proposições de Yves Lacoste com os conceitos de "espaço" e "território" propostos por Claude Raffestin também permitiriam falar mais propriamente de "territorialidades superpostas". Em sua realidade vivida, os seres humanos – e de formas extremamente complexas – estão constantemente se apropriando do espaço sobre o qual vivem e estabelecem suas diversificadas atividades e relações sociais. Um mesmo homem, no seu agir cotidiano e na sua correlação com outros homens, vai produzindo territórios que apresentam maior ou menor durabilidade. Ao se apropriar de determinado espaço e transformá-lo em sua propriedade – seja através de um gesto de posse ou de um ato de compra em um sistema onde as propriedades já estão constituídas – um sujeito humano define ou redefine um território. Ao se estabelecer um determinado sistema de plantio sobre uma superfície natural, ocorre aí uma nova territorialização do espaço, claramente caracterizada por uma nova "paisagem" produzida culturalmente e por uma produção que implicará controle e conferirá poder.

O território que se produz e se converte em propriedade fundiária – ou em unidade política estável, para considerar um nível mais amplo – pode existir em uma duração bastante longa antes de ser tragado por um novo processo de

---

18. "Por território entende-se a extensão apropriada e usada. Mas o sentido da palavra *territorialidade* como *sinônimo de pertencer àquilo que nos pertence* [...] esse sentido de exclusividade e limite ultrapassa a raça humana" (SANTOS, M. & SILVEIRA, M.L. *O Brasil*: território e sociedade no início do século XX. Rio de Janeiro: Record, 2003, p. 19).

reterritorialização. Contudo, se um homem exerce a profissão de professor, ou a função de político, no momento de exercício destas funções ele poderá estar territorializando uma sala de aula ou um palanque por ocasião de um comício político, por exemplo, constituindo-se estes em territórios de curtíssima duração. A vida humana é eterno devir de territórios de longa e curta duração, que se superpõem e se entretecem ao sabor das relações sociais, das práticas e representações. E, sob certo ângulo, a História Política é o estudo deste infindável devir de territorialidades que se constituem a partir dos espaços físicos, mas também dos espaços sociais, culturais e imaginários.

Os caminhos mais recentes da geografia humana também convergiram para considerar o espaço como "campo de forças". É de um "espaço social" que Milton Santos (1926-2001) está falando quando propõe associar a noção de *campo* a uma geografia nova[19]. Abordando a questão do ponto de vista do materialismo dialético, ele chama atenção para o fato de que o espaço humano é, em qualquer período histórico, resultado de uma produção. "O ato de produzir é igualmente o ato de produzir espaço". O homem, que devido a sua própria materialidade física é ele mesmo espaço preenchido com o próprio corpo, além de *ser* espaço também *está* no espaço e *produz* espaço.

Poderíamos mais uma vez unir estas pontas e dizer que "o ato de produzir é igualmente o ato de produzir territórios". Cultivar a terra é dominar a terra, é impor-lhe novos sentidos, é apartá-la do espaço indeterminado, inclusive frente a outros homens; é exercer um poder e obrigar-se a um controle. Fabricar mercadorias (ou controlar a produção

---

[19]. SANTOS, M. *Por uma geografia nova*. Rio de Janeiro: [s.e.], 1974, p. 174.

de mercadorias) é invadir um espaço, é adentrar esse complexo campo de forças formado pela produção, circulação e consumo, e tudo isto passa também pelo exercício de um controle sobre o espaço vital dos trabalhadores, sobre o seu tempo. Produzir ideias é se assenhorear de espaços imaginários e, de algum modo, exercer, através destes espaços, diversificadas formas de poder. A produção de discursos, por fim, implica se adequar a uma espécie de territorialização da fala, na qual devem ser reconhecidas aquelas regras, limites e interdições que foram tão bem-estudadas por Michel Foucault[20]. Em todos estes casos, enfim, a *produção* estabelece territórios, redefine espaços.

O território do historiador

Neste momento final, lembraremos que – ao se apropriar dos discursos, das informações e dos resíduos que lhe chegam de uma determinada realidade vivida através daquilo que ele chama de "fontes primárias" – o historiador também produz territórios. Os historiadores trabalham necessariamente com territorialidades superpostas em sua operação historiográfica. Em seu esforço de apreensão historiográfica, eles devem se empenhar em perceber as territorialidades que as relações sociais por eles estudadas produziam à sua época. Entrementes, a verdade é que – para além destas territorialidades históricas – a operação historiográfica implica que, às territorialidades históricas, o historiador termina

---

20. "Em toda sociedade a produção do discurso é ao mesmo tempo controlada, selecionada, organizada e distribuída por certo número de procedimentos que têm por função conjurar seus poderes e perigos, dominar seu acontecimento aleatório, esquivar sua pesada e terrível materialidade" (FOUCAULT, M. A *ordem do discurso*. São Paulo: Loyola, 1996, p. 8-9).

por superpor a sua própria territorialidade historiográfica.

O historiador não é apenas alguém que percebe os poderes e controles que os homens de determinada época estabeleciam sobre o espaço. Ele mesmo é também criador de um território, na medida em que, ao recortar um objeto de conhecimento, estabelece um espaço de poder e de controle através do seu próprio discurso historiográfico. Já de princípio, no ato de elaborar a História (enquanto campo de conhecimento) o historiador deve impor recortes à história que um dia foi vivida, a qual lhe chega de forma complexa e fragmentada através das fontes.

Além disto, o conceito de "território" também pode ser aplicado ao próprio trabalho do historiador no momento em que ele procede à sua constituição de fontes. As diversas abordagens documentais, bem como quaisquer das fontes que o historiador se disponha a constituir como *corpus* documental – sejam documentos de arquivo, fontes textuais diversas, objetos da cultura material, imagens iconográficas, discursos pronunciados, canções folclóricas, terrenos dispostos para a produção agrícola, ou uma topografia urbana – tudo isto, esta combinação adequada de fontes com uma abordagem possível, forma mais propriamente a base material a partir da qual o historiador territorializa o seu espaço historiográfico.

Não é possível ao historiador adentrar um arquivo e tomar para base de seu trabalho as próprias séries arquivísticas tal como já estão constituídas para mera finalidade de conservação documental. O arquivo, ou qualquer outro universo potencial de fontes, é apenas um espaço indeterminado que ele encontra, Cumpre, ao esboçar o primeiro gesto necessário à operação historiográfica, "territorializá-lo". Constituir fontes é operar uma redistribuição do espaço. Tal como assinala Michel de Certeau no seu célebre texto no qual descreve minuciosamente todas as implicações da operação historiográfica, "em história tudo começa com o gesto de *separar*, de reunir, de transformar em 'documentos' certos objetos antes distribuídos de outra maneira". O historiador produz os seus documentos "mudando ao mesmo tempo o seu lugar e o seu estatuto"[21].

Uma disposição de terrenos que em determinada época atendia a uma determinada produção agrícola, deslocada de seu lugar funcional e em seu estatuto, doravante estará convertida em espaço sobre o qual o historiador se movimenta. Uma coleção de cantos que no passado serviam para entreter será tratada agora como conjunto de sintomas para perceber a sociedade que os produziu. As imagens que possuíam mera função ornamental nas paredes de um prédio público terão seu estatuto modificado em discursos visuais que têm muito mais a dizer. As certidões e registros de nascimento e morte, que um dia atenderam a propósitos de controle sobre os homens, convertem-se em fontes para a história demográfica e em oportunidade para o exercício de novos poderes – os poderes do historiador. Os discursos políticos, que um dia manipularam e seduziram as massas, serão decifrados para dar voz a uma época, a um grupo social, a interesses em conflito.

Com a operação historiográfica, os estatutos se transfiguram, os objetos se deslocam. É desta maneira que o historiador se apropria de um espaço que até então não lhe pertencia,

---

[21]. DE CERTEAU, M. "A operação historiográfica". *A Escrita da História*. Rio de Janeiro: Forense Universitária, 1982, p. 81.

constituindo-o finalmente em seu *território* – produto de determinados poderes estabelecidos não apenas por ele, mas também pela sociedade que fala através de seu discurso, para muito além do próprio historiador que o enuncia. Estabelecer um recorte, enfim, é definir um "território historiográfico" – um território a partir do qual o historiador, como ator sintagmático, viabiliza um determinado programa. É a partir desta operação – seja ela orientada pelo grande recorte no espaço físico, pelo recorte regional, pelo recorte da série documental, ou simplesmente pela análise de uma única fonte – que o historiador deixa as suas marcas e as de sua própria sociedade, redefinindo de maneira sempre provisória este vasto e indeterminado espaço que é a própria História.

5

O LUGAR DA HISTÓRIA LOCAL*

A História Local constitui uma presença remarcável no quadro geral de modalidades historiográficas contemporâneas, notadamente no Brasil – país de vasta extensão territorial e, consequentemente, dotado de uma enorme multiplicidade de espaços internos, concretos e imaginários. Um dos objetivos desta palestra será o de refletir sobre a especificidade desta modalidade historiográfica, no interior do quadro mais amplo de uma expansão historiográfica que não tem cessado de produzir novas diversificações no interior do saber historiográfico. Como se relaciona a História Local – ou a História Regional, que pode vir a constituir uma segunda designação importante, com as suas nuanças específicas – com as demais modalidades historiográficas? Como convivem os setores historiográficos que escolhem elaborar preponderantemente uma História Local, ou uma História Regional, no quadro mais amplo da rede de instituições historiográficas que definem os parâmetros e regras a serem seguidos pela comunidade de historiadores, e que pretendem definir a divisão do trabalho intelectual a ser implementada a partir dos incentivos e dos programas de pós-graduação?

---

* Conferência para o *I Encontro de História Local/Regional da Uneb*, realizado na cidade de Santo Antônio de Jesus, em novembro de 2009.

Estas são algumas perguntas que me proponho a levantar na segunda parte desta palestra.

Também me perguntarei: O que distingue a História Local da História Regional, se é que existe uma distinção possível a ser pensada entre estas duas expressões, e o que distingue ambas da Micro-história, que é a nosso ver uma modalidade bem distinta, mas que, frequentemente, vê-se confundida com a História Local por trabalhar com realidades "micro"? Por fim, será a História Local apenas uma expressão entre tantas, em um universo historiográfico mais amplo para o qual seria preferível mesmo nos referirmos a uma "história sem adjetivos"? Ou os adjetivos são, de alguma maneira, necessários?

A última questão já nos coloca diante uma proposição inicial, sobre a qual procuraremos refletir até o final da palestra. Será que a multiplicidade de adjetivos que têm surgido para designar a História e atribuir-lhe subespecialidades – formando designações como "História Cultural", "História Política", "História Econômica", "Micro-história", "História Local", e inúmeras outras – é mero jogo de palavras? Será que esta multiplicidade de designações tem utilidade efetiva para a história e para a vida? Ou, no limite, seria preferível suprimi-las e substituí-las mais uma vez por uma "história sem adjetivos"?

Partiremos da intuição inicial, a ser verificada ou demonstrada oportunamente, de que nada acontece por acaso (ou, pelo menos, muitas coisas não acontecem por acaso). Se a História foi se adjetivando, gerando suas modalidades e especialidades internas, é porque devem ter ocorrido motivos para isto. Se assim for, pode haver prejuízo no gesto de simplesmente retirar do campo disciplinar da História todas estas designações, com um ato de força simbólica, e almejar a renomeação da História a partir de uma recusa às inúmeras adjetivações que foram surgindo na história da Historiografia. Fazer isto, se tal fosse possível, poderia mais gerar novos problemas do que resolver os problemas já existentes. Penso que, se surgiram as várias designações para os inúmeros campos históricos – e este é um fato incontornável –, é porque estas designações atenderam à demanda de organizar certo espaço interno de saber para torná-lo mais compreensível, ou até mesmo para recolocar os problemas que se têm apresentado diuturnamente aos historiadores.

Eliminar uma prática de nomeações que de algum modo surgiu para organizar um campo interno de problemas, objetos e conexões possíveis não é mais do que se recusar a enfrentar cada um destes problemas e demandas, em vista de uma promessa de retorno à matéria indivisa dos primórdios historiográficos. Deve haver mais a se fazer do que simplesmente recusar adjetivos. Por outro lado, pode também haver mais a fazer do que simplesmente aceitar a miríade de adjetivos que definem os inúmeros campos históricos como expressões delimitadoras de especialidades ou compartimentos historiográficos. Não seria possível uma solução entre estas duas? Repensar, entre a "História sem adjetivos" e a "História fragmentada em compartimentos historiográficos", uma terceira solução que seria a da "História poliadjetivada"?

Sustentei isto em obra recente[1]. Não existe propriamente um trabalho historiográfico ou alguma pesquisa já realizada que possa simplesmente se situar no interior da História Cultural, da História Oral ou da História Local. Qualquer

---

1. BARROS, J.D'A. *O campo da História*. Petrópolis: Vozes, 2004.

objeto historiográfico de estudo clama, na concretude da operação historiográfica, por certa conexão de campos históricos: um certo trabalho pode produzir o seu sentido em uma determinada conexão entre a História Cultural, História Local, e História Oral, e um outro trabalho, voltado para uma outra temática e acessado por uma outra abordagem, pode se constituir na conexão entre a História Econômica, História Serial e História de gênero, ou a estes campos históricos acrescentar também o diálogo com a História Política, e assim por diante. Os objetos historiográficos, é o que sustento, não se fazem presentes no interior dos campos históricos, mas entre eles, na conexão entre eles, sob a ação privilegiada destes campos ou desta conexão de campos.

Compreendido que nenhum objeto historiográfico de estudos se enquadra no interior de um único campo histórico, mas sim em uma conexão que se estabelece entre vários campos históricos, poderemos passar, em seguida, a examinar uma modalidade historiográfica que não tem cessado de se fortalecer na Historiografia brasileira: a História Local (e sua prima-irmã, contanto que não consideremos que estamos tratando aqui da mesma modalidade, a História Regional).

Em um país que abriga dentro de si a possibilidade de se pensar tantos espaços internos, não apenas devido às suas impressionantes diversidades geográficas e naturais, como também em virtude da multiplicação de alternativas culturais, o "local" como foco de atenção para o historiador tem se mostrado um âmbito muito rico para a prática e as escolhas historiográficas. Refletirei, portanto, sobre esta modalidade mais específica, e sobre outras como a História Regional – a prima-irmã – ou como a Micro-história, que sequer é uma parente distante, mas que não raro é confundida com as outras duas quando não paramos para pensar em maior profundidade sobre o que cada uma destas modalidades tem de singular e específico.

Já houve quem dissesse, e esta é certamente uma excelente frase: "Toda história é local". Trata-se de uma bela frase de efeito, ao mesmo tempo necessária e carregada de sentidos. Trata-se de uma frase similar à que foi pronunciada por Benedetto Croce, historicista italiano da primeira metade do século XX, quando proferiu o dito de que "Toda história é contemporânea". Com isto queria mostrar que qualquer história – seja a História Antiga, a História Medieval, a História Moderna ou a "História Contemporânea" propriamente dita – são sempre elaboradas a partir de um momento que é o do presente do historiador, o que interfere nas demandas que se colocam para cada uma destas especialidades temporais da Historiografia.

Quando se diz que "Toda história é local", pretende-se lembrar a todos que, assim como toda história é pronunciada de um certo momento no tempo, qualquer história é produzida também a partir de um "lugar". Essa assertiva é correta. Em um célebre texto intitulado "A operação historiográfica", Michel de Certeau (1974) já refletiu longamente sobre o fato de que todo trabalho historiográfico está relacionado a um determinado "lugar de produção", com todas as implicações que isto traz para o trabalho do historiador e para as pressões que sobre ele se exercem. De igual maneira, "toda história é local" porque a sua prática se exerce a partir de um local – seja uma metrópole como São Paulo ou Rio de Janeiro, seja a partir de uma localidade menor como Santo Antônio de Jesus, ou seja, a partir de algum ponto sem nenhuma referência citadina, e que mais adequadamente deveria ser definido em termos de um lugar de produção inserido integralmente na ruralidade.

O historiador poderá estar escrevendo a sua história em uma aldeia indígena abrigada na floresta amazônica. Não importa que esteja escrevendo sobre o cinema americano, sobre a Revolução Cubana, ou sobre as tribos indígenas norte-americanas, ao produzir sua história ancorado no coração da Amazônia e inscrito nos vínculos que estabeleceu ou estabelece com este lugar, estará ele sendo beneficiado pelas cores locais que o levarão a refletir de uma nova maneira sobre os antigos problemas e objetos historiográficos. Talvez a questão ecológica adquira para ele um significado especial ao refletir sobre certos filmes de ficção científica produzidos pelo cinema americano, ou talvez as lutas e demandas dos nativos norte-americanos sejam retomadas por ele em sintonia com as próprias demandas que lhe chegaram dos nativos da Amazônia brasileira. Assim como nem sempre ocorrerá, ao historiador que se debruça sobre os estudos da Antiguidade, o gesto inusitado de interromper o seu trabalho para refletir mais acuradamente sobre o fato de que ele mesmo está sempre produzindo uma "história contemporânea", pode também ocorrer que aquele historiador que escreve sobre qualquer tema, mas ancorado no coração da Amazônia, nem sempre esteja plenamente consciente de que estará sempre produzindo uma "História Local" neste sentido mais amplo: uma história que se produz de um lugar, que traz as marcas deste lugar, que retorna depois a este mesmo lugar e produz novas interações com os leitores que se reapropriarão criativamente desta história.

Isto posto – a saber, esta realidade incontornável de que "toda história é local" – não há também como deixar de refletir sobre o fato de que a história da Historiografia conheceu ainda um outro sentido para a expressão "História Local", agora no âmbito de um quadro intradisciplinar que assistiu a uma crescente ampliação da variedade de designações voltadas para as diversas "modalidades historiográficas". É sobre este sentido que gostaríamos de refletir, pois é o que mais interessa neste momento em que tantos setores da Historiografia brasileira têm moldado a sua identidade em termos de trabalhos de "História Local" ou "História Regional". O que define a "História Local" neste sentido mais específico?

Começaremos por dizer que, na "História Regional" ou na "História Local", a "região", o "local", o "espaço" são trazidos de fato para o centro da análise. O "lugar", na História Local, não se relaciona apenas à dimensão local dentro da qual se produz o trabalho do próprio historiador. Aqui, o "local" é trazido para uma posição importante no palco da análise historiográfica. Nada impede que esta mesma "História Local" – esta história cujo historiador considerou importante chamar de "local" em virtude da centralidade que o "lugar" ocupa na sua análise historiográfica – seja também ela uma História Cultural, uma História Política ou uma História Econômica, ou inúmeras outras modalidades.

Já vimos isto na primeira parte desta palestra, quando discorremos sobre a questão de que todo trabalho historiográfico se produz, na verdade, no seio de uma interconexão de campos históricos. Minha "história local" pode ser também uma "história oral" e uma "história política". Este é o sentido que pontuei no início desta palestra com vistas à possibilidade de se falar em histórias "poliadjetivadas". Cada trabalho historiográfico conclama para si certa conexão de campos históricos. Uma história, entre outros adjetivos, será uma "História Local" no momento em que o "local" torna-se central para a análise, não no sentido de que toda história deve fazer uma análise do local e do tempo que contextualiza os seus objetos, mas no sentido de que o "local" se refere aqui a uma cultura ou uma política local, a uma singularidade regional, a uma prática que só se encontra aqui ou que aqui adquire conotações especiais a serem examinadas em primeiro plano. Pode-se dar ainda que, na História Local, o "local" se mostre como o próprio objeto de análise, ou então que se tenha em vista algum fator à luz deste "local", desta "singularidade local".

No quadro dos três grupos de critérios que podem ser destacados para entender a variedade de campos históricos – dimensões, abordagens e domínios temáticos – podem ser definidas como "abordagens" a História Local, a História Regional, e também a Micro-história. Temos aqui modalidades historiográficas que se delineiam a partir dos fazeres historiográficos postos em movimento pelo historiador. Com a História Local, assim como ocorre com a Micro-história, o historiador trabalha de uma certa maneira: ele escolhe ou constitui criteriosamente um certo universo de observação.

Outro ponto importante deve ser considerado. O fato de que uma história possa ser compreendida como "História Local" não exclui a possibilidade de que esta mesma história se refira a uma "totalidade". A "História Local" não é uma "história em migalhas" (uma expressão que mais habitualmente se refere a uma espécie de fragmentação gratuita e desconectada deste ou daquele objeto historiográfico).

Tampouco é uma "história em migalhas" a Micro-história, esta outra modalidade que não raramente é confundida com a História Local. Guardemo-nos, portanto, de nos deixar enredar pela falácia de que a "História Local" (assim como a Micro-história) não é compatível com o projeto de trabalhar com a categoria da "totalidade"[2].

Será fulcral compreender também outro aspecto sem o qual poderemos nos enredar em uma nova falácia. Nenhuma "localidade", "região", ou "área", se quisermos empregar uma terceira expressão, está dada previamente. Não existem, para o historiador, regiões que se imponham a ele como espaços já dados de antemão. Isto porque a "região" ou a "localidade" dos historiadores não é a localidade dos políticos de hoje, ou da geografia física, ou da rede de lugares administrativos em que foi dividido o país, o estado ou o município. Toda "região" ou "localidade" é necessariamente uma construção do próprio historiador. Se ela vir a coincidir com uma outra construção que já existe

---

2. A "História Local", aliás, surgiu na França acoplada ao projeto de não abrir mão da totalidade. Em seu célebre artigo sobre "A História Local", Pierre Goubert chama atenção para o fato de que a emergência da História Local dos anos de 1950 havia sido motivada precisamente por uma combinação entre o interesse em estudar uma maior amplitude social (e não mais apenas os indivíduos ilustres, como nas crônicas regionais do século XIX) e alguns métodos que permitiriam este estudo para regiões mais localizadas – mais particularmente as abordagens seriais e estatísticas, capazes de trabalhar com dados referentes a toda uma população de maneira massiva. Ao trabalhar em suas pequenas localidades, os historiadores poderiam desta maneira fixar sua atenção "em uma região geográfica particular, cujos registros estivessem bem-reunidos e pudessem ser analisados por um homem sozinho" (GOUBERT, P. "História Local". *História & Perspectivas*, jan.-jun./1992, p. 45. Uberlândia).

ao nível administrativo ou político, isso será apenas uma circunstância[3].

De fato, o historiador poderá tomar a cargo de sua pesquisa inúmeros objetos culturais, políticos, econômicos, demográficos, ou aqueles estabelecidos a partir de combinações entre estas dimensões ou outras, que irão requerer dele que elabore as suas próprias "áreas" e "localidades", bem-distintas em relação às localidades previstas nos atuais quadros institucionais-administrativos. O objeto constituído pelo historiador pode exigir que ele quebre uma determinada unidade geopolítica, que misture o pedaço de uma com o pedaço de outra, se formos pensar no contraste entre as "regiões" e "localidades" que são construídas pelos historiadores e outras que atendem a propósitos políticos, administrativos, geofísicos. Para um historiador, a região não será tanto aquilo de

---

[3]. No caso francês, e em outros países europeus, existe uma certa rede de organização paroquial e institucional, que habitualmente mostra-se bem-sintonizada com singularidades culturais, que pode favorecer a superposição da "região" construída pelo historiador com a "região" que já aparece como um elemento institucional prévio. Na Europa, as fronteiras são menos móveis que nas Américas, um universo de espaços mais amplos. Desta maneira, para os historiadores locais que se agruparam em torno da liderança de Goubert, a coincidência entre a região examinada e uma unidade administrativa tradicional como a paróquia rural ou o pequeno município frequentemente permitia que o historiador resolvesse todas as suas carências de fontes em um único arquivo, ali mesmo encontrando e constituindo a série a partir da qual poderia extrair os dados sobre a população e a comunidade examinada. Em um país como o Brasil, no qual os arquivos ainda estão se constituindo nos diversos lugares afastados dos grandes centros urbanos, esta realidade, ou esta "facilidade", nem sempre existe – e isto obriga, inclusive, a que o historiador se depare de modo mais incontornável com a verdadeira questão historiográfica: a de que toda "região" ou "localidade" deve ser construída ou reconstruída pelo historiador.

onde a pesquisa partirá, mas sim aquilo mesmo que a pesquisa pretende produzir historiograficamente. A região, para a operação historiográfica, não é ponto de partida; frequentemente é o ponto de chegada. Reflitamos um pouco sobre isto.

Atrelar o espaço ou o território historiográfico que o historiador constitui a uma preestabelecida região administrativa, geográfica (no sentido que já era proposto pelo geógrafo Vidal de La Blache no início do século XX), ou vincular a escolha do historiador a uma "área predeterminada" de qualquer outro tipo, pode implicar deixar escapar uma série de objetos historiográficos que não se ajustam a estes limites. A mesma comodidade arquivística que pode favorecer ou viabilizar um trabalho mais artesanal do historiador – capacitando-o para dar conta sozinho de seu objeto sem abandonar o seu pequeno recinto documental – também pode limitar e empobrecer as escolhas historiográficas. Uma determinada prática cultural, para trazer o exemplo da conexão entre História Local e História Cultural, pode gerar um território específico que nada tenha a ver com o recorte administrativo de uma paróquia ou município, misturando pedaços de unidades paroquiais distintas ou vazando municípios. Do mesmo modo, uma realidade econômica ou de qualquer outro tipo não coincide necessariamente com a região geográfica no sentido tradicional. Também não precisa sequer coincidir com áreas econômicas mais tradicionais, pois o que está sendo pesquisado pode ser relacionado à produção, ao consumo, à circulação, ao imaginário econômico ou a inúmeras das instâncias que são investigadas pela História Econômica, para além dos objetos mais tradicionais da macroeconomia.

O historiador que elabora o seu trabalho de História Local deve estar sempre atento às impropriedades de orientar-se através de recortes que coincidam necessariamente com as delimitações administrativas de âmbito provincial ou municipal. De igual maneira, as regiões definidas a partir de critérios da geografia física tradicional podem se mostrar igualmente não operacionais. Tal como já foi dito anteriormente, a região é em todos os casos uma construção do próprio historiador, que pode ou não coincidir com um recorte administrativo ou com uma região geográfica preconizada por uma cartografia oficial.

É preciso, portanto, que o pesquisador – ao delimitar o seu espaço de investigação e defini-lo como uma "região" – esclareça os critérios que o conduziram a esta delimitação. Algumas perguntas se impõem. A região corresponde a um espaço homogêneo, ou a uma superposição de espaços diversos (e, neste caso, teremos espaços superpostos em fase ou em defasagem)? Existe um fator principal que orienta o recorte estabelecido pela pesquisa? Está se tomando a região como uma área humana que elabora determinadas identidades culturais, que possui uma feição demográfica própria, que produz certo tipo de relações sociais, que organiza a partir de si determinado sistema econômico? O critério norteador coincide com o de região geográfica? Com o político-administrativo? Se é um critério administrativo, é o critério administrativo de que tempo – o do historiador, ou o do período histórico examinado?

Um critério geográfico amparado na cartografia tradicional, da mesma forma, pode ou não ser pertinente a uma pesquisa que está sendo realizada. Assim, pode-se dar que um determinado objeto de pesquisa justifique o uso da definição estruturalista de região, que a encara como o espaço de uma interação marcada por determinações recíprocas entre o ambiente físico-natural e os processos sociais que nele se desenvolvem. Seria o caso, então, de se definir o peso que se atribui à determinação geográfica neste processo. Ou pode ser que seja pertinente um enfoque mais culturalista, no qual se define a região preferencialmente "a partir da influência que os elementos de ordem étnica, religiosa ou cultural, de modo geral, é exercida sobre a relação entre o homem e o seu meio"[4].

O historiador deve dedicar, por outro lado, uma atenção especial aos critérios políticos e sociais. Uma região pode ser delineada como um espaço onde se reproduzem certos padrões de conflitos sociais, ou como um espaço onde se desenrola determinado movimento social. Nestes casos, "o espaço tornar-se-ia o cenário, por excelência, da luta de classes", e portanto a expressão mais concreta de um modo de produção historicamente determinado que produz estas relações de classe. Isto vem ao encontro da combinação do enfoque regional com a abordagem materialista-histórica da História, de acordo com esta ou aquela perspectiva mais específica. Aqui, a "região" construída pelo historiador deixa de ser um dado externo à sociedade – como se aquela a precedesse ou como se fosse o caso de meramente se fixarem balizas para o estudo – para passar a ser encarada como algo produzido a partir do próprio processo social examinado.

---

[4]. Segundo Paulo H.N. Martins, este é o enfoque que predomina hoje na Sociologia política ("Espaço, Estado e região: novos elementos teóricos". *História Regional*: uma discussão. Campinas: Unicamp, 1987, p. 24).

A próxima questão à qual gostaria de me ater refere-se à necessidade de distinguir mais claramente o par "História Local/História Regional" da "Micro-história". Não há como confundir uma coisa com a outra. Quando um historiador se propõe a trabalhar dentro do âmbito da História Regional, ele mostra-se interessado em estudar diretamente uma região específica. O espaço regional, como já foi destacado, não estará necessariamente associado a um recorte administrativo ou geográfico, podendo se referir a um recorte antropológico, a um recorte cultural ou a qualquer outro recorte proposto pelo historiador, de acordo com o problema histórico que irá examinar. Mas, de qualquer modo, o interesse central do historiador regional é estudar especificamente este espaço, ou as relações sociais que se estabelecem dentro deste espaço, mesmo que eventualmente pretenda compará-lo com outros espaços similares ou examinar em algum momento de sua pesquisa a inserção do espaço regional em um universo maior (o espaço nacional, uma rede comercial).

Que a região é uma construção do historiador, do geógrafo ou do cientista social que examina uma determinada questão, isto já o sabem de longa monta os historiadores regionais ou os historiadores locais. A região, tal como já foi discutido em momento anterior, não existe, obviamente, como espaço preestabelecido; ela é construída dentro das coordenadas de uma determinada pesquisa ou de certa análise sociológica ou historiográfica. Por isto, aliás, é preciso que o pesquisador – ao delimitar o seu espaço de investigação e defini-lo como uma "região" – esclareça os critérios que o conduziram a esta delimitação. Posto isto, é óbvio que o "espaço", seja este definido como espaço físico ou como espaço social, é uma noção fundamental para este campo de estudos que pode ser categorizado como História Regional ou Local.

Enquanto a História Regional (ou Local) corresponde a um domínio ou a uma abordagem historiográfica que foi se constituindo em torno da ideia de construir um espaço de observação sobre o qual se torna possível perceber determinadas articulações e homogeneidades sociais (e a recorrência de determinadas contradições sociais, obviamente), e, por fim, de examiná-lo de algum modo como um sistema, já com relação à Micro-história temos outra situação.

Tal como deve ser ressaltado, pode-se dizer que a Micro-história não se relaciona necessariamente ao estudo de um espaço físico reduzido, embora isto possa até ocorrer. O que a Micro-história pretende realizar é uma redução na escala de observação do historiador, com o intuito de se perceber aspectos que de outro modo passariam despercebidos. Quando um micro-historiador estuda uma pequena comunidade, ele não estuda propriamente *a* pequena comunidade, mas estuda *através* da pequena comunidade (não é, por exemplo, a perspectiva da História Local, que busca o estudo da realidade microlocalizada por ela mesma).

A comunidade examinada pela Micro-história pode aparecer, por exemplo, como um meio eficaz para atingir a compreensão de aspectos específicos relativos a uma sociedade mais ampla. Da mesma forma, posso tomar para estudo uma "realidade micro" com o intuito de compreender certos aspectos de um processo de centralização estatal que, em um exame encaminhado do ponto de vista da Macro-história, passariam certamente despercebidos.

Para utilizar uma metáfora conhecida, a Micro-história propõe a utilização do microscópio ao invés do telescópio.

Não se trata, neste caso, de depreciar o segundo em relação ao primeiro. O que importa é ter consciência de que cada um destes instrumentos pode se mostrar mais apropriado para conduzir à percepção de certos aspectos do universo (por exemplo, o espaço sideral ou o espaço intraorgânico). De igual maneira, a Micro-história procura enxergar aquilo que escapa à Macro-história tradicional, empreendendo para tal uma "redução da escala de observação" que não poupa os detalhes, e que investe no exame intensivo de uma documentação. Considerando os exemplos antes citados, o que importa para a Micro-história não é tanto a "unidade de observação", mas a "escala de observação" utilizada pelo historiador, o modo intensivo como ele observa, e o que ele observa.

É por isto que pudemos acima afirmar que o objeto de estudo do micro-historiador não precisa ser necessariamente o espaço microrrecortado, havendo a possibilidade de que corresponda a uma prática social específica, à trajetória de determinados atores sociais, a um núcleo de representações, a uma ocorrência (por exemplo, um crime) ou a qualquer outro aspecto ou microrrecorte temático que o historiador considere revelador em relação aos problemas sociais ou culturais que se dispôs a examinar. Se ele elabora a história de vida de um indivíduo (e frequentemente escolherá neste caso um indivíduo anônimo) o que o estará interessando não é propriamente biografar este indivíduo, mas sim abordar os aspectos que poderá perceber através do exame microlocalizado desta vida. De igual maneira, e retomando o contraste entre Micro-história e História Local/Regional, pode-se dizer que, de modo geral, o micro-historiador nunca está particularmente preocupado em estudar *a* região, tal como ocorre com o historiador que se dedica à "História Local", mas, sim, que ele estuda *na* região. Estudar "a" região, e estudar "na" região, são evidentemente coisas distintas.

Neste momento final já nos poderemos pôr a refletir, mais confortavelmente, a respeito da possibilidade de distinguir também a História Local da História Regional. Esta será certamente uma operação teórica um pouco mais ambígua, pois nem todas as línguas historiográficas apresentam estas duas expressões como designativas de modalidades historiográficas distintas. Na França, por exemplo, sempre se falou em "História Local", e nesta designação enquadram-se tanto pesquisas que no Brasil poderiam se relacionar à História Local, como pesquisas que poderiam se relacionar mais propriamente à História Regional. De fato, para a historiografia brasileira, o simples recorte espacial-localizado não implica necessariamente História Regional.

Por que não aproveitar a riqueza da língua portuguesa, que tem abrigado as duas expressões – "História Local" e "História Regional" – para definir o "regional" como aquilo que se refere ao lugar integrado a um sistema, embora dotado de sua própria dinâmica interna? A ideia de "região", neste sentido mais específico, associa-se à noção de que temos agora um lugar que se apresenta, ele mesmo, como sistema – com sua própria dinâmica interna, suas regras, sua totalidade interna – e que habitualmente se encontra ligado ou a uma rede de outras localidades análogas, ou a um sistema mais amplo (por exemplo, as várias regiões econômicas ou políticas que, no período do escravismo colonial, ligam-se a este sistema nacional mais amplo, a uma rede comercial mais abrangente, ou a qualquer outra realidade que termine por se apresentar como um sistema de sistemas).

Em contrapartida, o "local" poderia se relacionar àquele lugar que é recortado por um problema transversal (cultural, político, por exemplo). Quando examino a literatura de cordel de determinada comunidade, com vistas a compreender certa conexão entre este gênero cultural a determinados aspectos que podem ser políticos, culturais, econômicos, ligados ao imaginário ou às mentalidades, relativos a certas heranças culturais trazidas por movimentos demográficos específicos, posso estar trabalhando mais propriamente com uma História Local do que com uma História Regional. Isto porque neste momento não estou interessado em trabalhar a localidade como um sistema, como uma totalidade social, como um sistema ancorado no espaço que se liga a outra espacialidade mais ampla. A localidade, nestes casos, é tratada mais como "lugar" do que como "região".

O pequeno recorte de uma vizinhança, ou de uma comunidade de migrantes, ou de uma prática cultural que se localiza no interior de um lugar (por exemplo, no interior de uma cidade), também pode nos remeter ao "local", e não ao "regional". De outra parte, tal como já foi pontuado, dependendo da abordagem empregada, poderemos também estar falando aqui em Micro-história. Micro-história e História Local, aliás, também constituem conexões possíveis, já que o universo de observação da Micro-história pode corresponder também ao recorte local (mas também pode corresponder à trajetória de vida de um indivíduo, de uma família, ou aos desenvolvimentos de uma determinada prática cultural). De todo modo, Micro-história e História Local, em que pese constituam modalidades historiográficas bem-diferenciadas, também se abrem para os seus possíveis diálogos.

Pensar estas nuances possíveis entre o "local" e o regional" constitui apenas uma proposta, um exercício de imaginação historiográfica, já que frequentemente, entre nós, "História Local" e "História Regional" são expressões empregadas de maneira quase sinônima. Uma vez que temos ao dispor de nossa linguagem historiográfica as duas expressões, o que não ocorre com a Historiografia de outros países, podemos tirar partido desta duplicidade de designações, fazer delas um instrumento para nos aproximarmos de uma maior complexidade relacionada aos diversos objetos historiográficos possíveis.

Há também certa tendência, no Brasil, a utilizar a expressão "História Local" para o estudo de localidades menores do que aquelas regiões geográficas ou administrativas mais amplas que podem corresponder a um estado, ou mesmo a uma área consideravelmente grande dentro de um estado. Assim, a "História Local", na historiografia brasileira, costuma se referir a cidades, bairros, vizinhanças, aldeias indígenas, enquanto a expressão "História Regional" volta-se mais habitualmente para as regiões mais amplas (o Vale do Paraíba, o sul de Minas, o Estado do Piauí, e assim por diante). Mas isso é praticamente uma especificidade de países de dimensões continentais como o Brasil. Na Europa, onde esta modalidade historiográfica surgiu (por volta dos anos de 1950) não se justificava muito uma distinção entre os dois vocábulos. Isso é facilmente compreensível, uma vez que na Europa os espaços são muito mais reduzidos do que em países como o Brasil, a Argentina, os Estados Unidos ou o Canadá. Existem estados brasileiros nos quais caberiam diversos países europeus, como é o caso do Amazonas, um estado cujas dimensões superam a área somada de todos os países da Europa, se desconsiderarmos a Rússia europeia. O Estado de São Paulo, por exemplo, tem uma área equivalente à de todo o Reino Unido.

Por isso, não é de se estranhar que na França, quando despontaram mais sistematicamente os primeiros trabalhos de História Local, os historiadores não tenham encontrado nenhuma necessidade de cunhar uma palavra para a modalidade historiográfica que lidava com as localidades menores, e outra para aquela que lidava com as regiões mais amplas.

A França anterior à Revolução Francesa (1789), por exemplo, estava dividida em 39 *províncias*. Se considerarmos que o estado brasileiro de Minas Gerais é do tamanho da França, poderemos entender a espacialidade mais reduzida a que se refere cada uma das províncias francesas da França do Antigo Regime. Historiadores como Pierre Goubert, um dos pioneiros nos estudos de História Local na França, costumavam trabalhar precisamente com esta unidade de espaço que Goubert chamava de "unidade provincial comum", e que ele associava a unidades "tais como um *country* inglês, um *contado* italiano, uma *Land* alemã, um *pays* ou *bailiwick* franceses"[5].

Nestes e em outros casos, o espaço escolhido pelo historiador coincidia, de modo geral, com uma certa unidade administrativa. Muitas vezes também correspondia a uma unidade bastante homogênea do ponto de vista geográfico, ou da perspectiva de práticas agrícolas. Também se tratava habitualmente de zonas mais ou menos estáveis – bem ao contrário daquilo que, durante o período colonial, acontecia em países como os da América Latina, com seus entremeados de áreas conturbadas e de disputas políticas para as quais

---

5. GOUBERT, P. "História Local". Op. cit., p. 45.

devemos considerar a ocorrência muito mais frequente de "fronteiras móveis" (vale dizer, de fronteiras flutuantes entre as regiões, e constituintes de uma geografia política que se redefinia com uma frequência bem maior do que nos países europeus).

O padrão tipicamente europeu de organização da espacialidade política permitiu que fosse aproveitado, por aqueles historiadores que começavam a desenvolver estudos regionais cobrindo todo o Antigo Regime, um modelo no qual o espaço podia ser investigado e apresentado previamente pelo historiador, como uma espécie de moldura na qual os acontecimentos, práticas e processos sociais se desenrolavam. Frequentemente, e até os anos de 1960, as monografias derivadas da chamada Escola dos *Annales* apresentavam previamente uma introdução geográfica, e depois vinha a história, a organização social, as ações do homem. A possibilidade de este modelo funcionar, naturalmente, dependia muito do objeto que se tinha em vista, para além dos padrões da espacialidade europeia nos períodos considerados, conforme já vimos. De todo modo, esse foi o padrão inicial da chamada "História Local", nos seus primórdios situados na historiografia europeia de meados do século XX.

No Brasil, país de dimensões continentais, a dinâmica das expressões História Local/História Regional também pode ser utilizada para estabelecer essa relação entre espaços menores e maiores, que os integram. Esses usos passam por decisões dos próprios historiadores envolvidos nesses estudos. É muito comum a utilização da designação História Regional para os espaços mais amplos, por exemplo, nos casos em que a História Local estabelece conexões com a História Econômica. Mas não é uma regra, obviamente.

Uma última questão que pode ser pensada – mas não a menos importante – refere-se ao papel da História Local/Regional no jogo institucional de poderes e saberes. Não é raro verificar que as instituições de saber e a Academia frequentemente se apropriam dos campos históricos com vistas a marcar posições na territorialidade acadêmica, hierarquizar o saber, ou impor um determinado modelo de divisão do trabalho intelectual. No caso do Brasil, o sistema que se superpõe à rede de poderes e saberes concernentes à área de História é o universo da pós-graduação *stricto sensu*, a instância maior para a produção de pesquisa no Brasil. Insinua-se muito a ideia de que os "grandes temas", no sentido incorreto de temáticas de caráter mais geral ou que se voltam para realidades mais amplas, "não locais", devem ser pesquisados por determinadas universidades, e não por outras; ou de que outras universidades devem tomar a seu cargo a "História Local", mais especificamente a história das localidades nas quais se assentam.

Hierarquizar campos históricos, e, mais ainda, instituições de pesquisa, é evidentemente uma falácia. Nem a "História Local" é um saber menor, e nem existem "universidades periféricas" que devam se dedicar a esta ou àquela modalidade temática, enquanto as "universidades centrais" se ocupam de "saberes maiores". Não há maior falácia, aliás, do que pensar em determinadas modalidades ou campos históricos como periféricos. Também é absurdo, em um mundo informatizado e ágil nas comunicações e meios de transporte, no qual arquivos inteiros foram digitalizados e disponibilizados na rede mundial de computadores, pensar que seja cabível ou desejável submeter os saberes acadêmicos a certo esquadrinhamento geográfico.

Um historiador residente em qualquer lugar do país pode empreender boa parte de uma pesquisa relacionada a qualquer tema que seja considerado de "temática mais ampla", seja lá o que isso for, sem ter que despender grandes investimentos na sua locomoção; mais ainda, é possível fazer a "História Local" de qualquer lugar que se queira, e não apenas a história da localidade em que o historiador se encontra. Já existem diversos arquivos locais que disponibilizaram digitalmente os seus acervos, ou que estão em vias de fazê-lo, apenas para mencionar um tipo de documentação que é a de arquivo.

Obviamente que, quando o trabalho historiográfico se constitui no interior de determinadas conexões, como a tão comum conexão entre História Local e História Oral, o acesso do historiador à localidade examinada, em alguns momentos de sua pesquisa, pode se tornar uma exigência difícil de ser contornada. Já com relação às conexões entre História Cultural e História Local – quando tratarmos de objetos cujas fontes já tenham encontrado caminhos editoriais e virtuais diversos, tal como ocorre na literatura de cordel –, estas podem abrir mesmo a possibilidade de que se trabalhe com a História Local à distância. Em um tempo não muito distante (e um tempo não muito distante no século XXI pode se incluir até mesmo nos limites de uma década) é possível que mesmo a História Oral também passe a incluir de maneira significativa, entre suas práticas, a da entrevista virtual, por e-mail ou em tempo real. Os progressos tecnológicos aproximam todos os lugares, e tendem a viabilizar todos os locais. A História Local seguirá com longa vida pelos tempos afora.

6

Acordes teóricos[*]

Saberes e campos de expressão os mais diversos têm fornecido à História materiais para a sua renovação desde inícios do século XX, ou mesmo antes. O mesmo fenômeno tem ocorrido em outros campos de saber. Os movimentos em favor da interdisciplinaridade constituem, de fato, um dos acontecimentos mais relevantes da ciência no século XX, e têm oferecido a mais efetiva contrapartida à tendência contemporânea para a especialização, ou mesmo para a hiperespecialização, nos diversos campos de conhecimento. Se o intelectual contemporâneo é frequentemente instado a se hiperespecializar, se ele recebe incentivos ou mesmo pressões institucionais para se isolar nos limites de sua especialidade acadêmica, também têm surgido neste mesmo contexto de produção de conhecimento os movimentos e propostas que acenam para uma religação dos saberes.

Para o caso da História, entre campos interdisciplinares que contribuíram para a renovação constante deste campo

---

[*] Conferência para o *XI Encontro de História da Educação do Ceará*, realizado na cidade de Baturité, em setembro de 2012. O texto também se relaciona ao quarto volume da Coleção Teoria da História (Petrópolis: Vozes, 2011), no qual o autor operacionaliza a sua proposta de análise acórdica, voltando-a para a compreensão de alguns autores importantes da Historiografia e da filosofia da história.

de saber e de suas possibilidades teóricas, metodológicas e expressivas, podemos lembrar a Geografia, Antropologia, Psicologia, Linguística, e tantos outros saberes. Entre os campos de expressão que já há muito dialogam com a Historiografia, podemos lembrar a Literatura, que tem contribuído para renovar a linguagem dos historiadores com novos recursos narrativos, ou mesmo o Cinema – um meio de expressão que talvez ainda venha oferecer interessantes contribuições aos modos de fazer a História nas próximas décadas. Nesta palestra, gostaria de indagar por outra possibilidade. Poderá a Música fornecer modelos teóricos ou expressivos, ou mesmo metáforas interessantes que contribuam para a renovação da Teoria da História, e da teoria em outros campos de saber?

Estarei pensando aqui, com vocês, na viabilidade de construir instrumentos teóricos alternativos que permitam compreender com maior riqueza os pensamentos e práticas historiográficas, assim como outros campos de estudos, e que permitam em particular compreender a complexa identidade teórica de cada um dos diversos pensadores e pesquisadores que se tornaram autores de obras importantes para a História e outros campos de saber. Lembrarei que, tradicionalmente, o conceito de "paradigma" – e outros como o de "escola histórica" – têm sido utilizados com alguma eficácia na Historiografia, ou seja, para a análise de obras produzidas pelos historiadores. Os mesmos conceitos ("paradigma" e "escola") também têm encontrado campos de aplicação quando é necessário examinar o quadro geral de contribuições teóricas em diversos campos de saber, como a Educação, Antropologia, Sociologia, Filosofia, e tantos outros.

Um historiador pode, por exemplo, ser classificado como historicista, positivista, materialista histórico, e assim por diante, também existindo a possibilidade de vinculá-lo a posições teórico-metodológicas mais específicas, inclusive no interior de um determinado paradigma. Ocorre que, ainda que os grandes paradigmas ofereçam uma base de ação e visão de mundo aos historiadores que a eles se vinculam, qualquer historiador (ou qualquer pensador filiado a outro campo de saber) também apresenta outras influências para além do paradigma com o qual a maior parte de sua produção sintoniza, se for este o caso. É igualmente comum que um historiador ou um pensador de outro campo de estudos se localize entre paradigmas, e não no interior de um só, ou que só partilhe certo conjunto de aspectos relacionados a um paradigma, mas não todos. Há também as migrações entre paradigmas, e as modificações que geram, em determinada obra historiográfica (ou de outro tipo), fases diferenciadas. Por fim, qualquer visão de mundo, quando referida a um historiador ou pensador específico, apresenta menor ou maior grau de complexidade, de modo que poderemos imaginar para os grandes nomes da Historiografia ou de qualquer outro campo de saber verdadeiros entremeados teóricos, formados por influências diversas, ainda que existam certas instâncias dominantes.

Contra tais complexidades, tensiona-se a constatação de que, ainda que possamos esclarecer com alguma precisão quais são as características essenciais que definem certos paradigmas – o positivismo, o historicismo, o materialismo histórico, entre outros –, a verdade é que, quando nos deparamos com a obra de pensadores ou pesquisadores específicos, percebemos que esta ou aquela produção intelectual nem sempre é facilmente classificável nos quadros de um único paradigma, e que, por vezes, esta obra ou este autor específico mostram-se extremamente singulares, ou mesmo únicos.

É de fato muito difícil classificar uma obra autoral com precisão: diversos autores resistem a essa classificação. Há também teóricos que rejeitam a ideia de classificar obras intelectuais, sob pena de simplificá-las ou empobrecer a percepção de suas características mais singulares. Consideremos, entretanto, que não fazer este esforço de analisar as obras dos historiadores e demais produtores de conhecimento aproximando-os uns dos outros, contrastando-os reciprocamente, identificando suas influências e interferências mútuas, agrupando-os por paradigmas, escolas ou correntes historiográficas, seria também perder uma oportunidade importante de melhor compreender a História tal como ela tem sido elaborada pelos próprios historiadores. Cada estrela que existe no firmamento, cada planeta e meteoro, são únicos, mas isso não impede que os astrônomos desenvolvam um esforço de reflexão que procura analisar os fenômenos celestes, agrupá-los, distingui-los, e tantas outras operações sem as quais a Astronomia não avançaria como campo disciplinar específico. Deixar de falar em planetas, sob a alegação de que cada planeta é único, é também perder um aspecto rico da compreensão do universo.

É óbvio que, quando utilizamos conceitos como o de "paradigma historiográfico", "escolas históricas", e outros, começamos a trabalhar modelos. O "modelo" é um instrumento teórico que favorece a compreensão de algo; mas que é por sua vez algo distinto da realidade. A noção de "paradigmas" e de "escolas históricas" aplicada à Historiografia permite aproximar historiadores, contrastá-los, enxergar aspectos característicos de uns por semelhança ou contraste em relação a outras. O conceito de paradigma tem uma utilidade relevante. Como abrir mão deste interessante instrumento de análise? No entanto, deve-se reconhecer que a obra de um historiador também é única. Dificilmente um historiador – assim como qualquer outro tipo de intelectual ou cientista – é igual a outro, mesmo que possamos situá-los no interior de um mesmo paradigma. Como utilizar estes conceitos, e avançar em um esforço de compreensão sobre a obra de historiadores específicos, sem perder a complexidade de cada um?

Aproveitando um exemplo pertinente à área da Educação, gostaria de lembrar o nome de Paulo Freire. Este grande educador brasileiro se autopercebia como "materialista histórico" e "marxista", classificação com a qual podemos certamente concordar para o seu trabalho, uma vez que o mesmo apoia-se não apenas em todo o referencial teórico-metodológico do materialismo histórico como também engaja-se em uma práxis voltada para a transformação da realidade, em especial no que concerne às práticas educativas. Por outro lado, Paulo Freire era também católico. Ser católico, para este educador brasileiro, era tão importante como ser "marxista". Lembro-me no entanto que Paulo Freire se queixava, em uma de suas últimas entrevistas para a televisão, do fato de que muitos consideravam incoerente aquela sua dupla opção pelo marxismo e pelo catolicismo. Na falta de alguma solução melhor, acabava reivindicando para si mesmo o direito a alguma incoerência, pois afinal ele, Paulo Freire, era um ser humano, e os seres humanos têm direito à incoerência.

Quero, no entanto, perguntar: Existe alguma incoerência em ser simultaneamente católico ou marxista? Ou, generalizando o problema, existe incoerência em ser diversas coisas ao mesmo tempo? Os pensadores relacionados aos diversos campos de saber fazem isto todo o tempo. Se formos buscar rigorosamente os exemplos, talvez pouquíssimos sejam enquadráveis no interior de um único paradigma. Para continuar com exemplos relacionados ao paradigma do materialismo histórico – que é operacional em diversos campos de saber – podemos lembrar os filósofos da Escola de Frankfurt. Walter Benjamin, por exemplo, também se autodefinia como marxista; no entanto, certamente compõem a identidade teórica deste filósofo alemão o misticismo judaico, um certo romantismo pessimista, uma significativa crítica à noção de progresso à maneira nietzschiana, bem como uma influência extraída de Freud e da Psicanálise. Como conciliar todos estes traços?

Os analistas da produção intelectual de autores ligados aos vários campos de saber costumam se utilizar de um recurso um tanto vacilante para conciliar os autores muito complexos, ou aqueles que partilham traços comuns a dois paradigmas, ou ainda os que combinam influências autorais diversas. De um intelectual como Paulo Freire, costumavam dizer algo assim: "Ele é meio marxista e meio católico"? O que é, todavia, "ser meio marxista e meio católico". Será por acaso fazer a revolução de segunda a sábado, e no domingo ir à missa? Ou será fazer apenas "meia revolução"? Ser meio católico também não satisfaz. O "meio católico", no máximo, alcança o purgatório – alguém poderia perfeitamente objetar isto. Dizer que alguém é "meio" uma coisa, "meio" outra é dizer que esta pessoa faz as duas coisas pela metade. Mas, ao contrário, o que ocorre com um pensador e militante como Paulo Freire é que ele é "marxista por inteiro", e "católico por inteiro". Também Walter Benjamin não possui na sua identidade teórica "meia dose de marxismo" e "meia dose de misticismo judaico". Ele é por inteiro estas duas coisas. Marcuse partilha as influências de Marx e de Freud, e a de inúmeros outros autores. Uma coisa, como outra, são elementos fundamentais da sua identidade teórica. Ele não está a meio caminho do materialismo histórico e da psicanálise. Materialismo histórico e psicanálise, ao lado de inúmeras outras influências teóricas e paradigmáticas, são igualmente constitutivas de suas maneiras de pensar e de agir. Como conciliar os traços teóricos diversificados, bem como as influências várias, que habitam a identidade teórica de um autor, que a constituem, que definem este autor na sua especificidade e singularidade? Haverá alguma maneira de nos referirmos às identidades teóricas complexas, que não seja o recurso mais fácil de dizer que um certo autor é um pouco uma coisa, um pouco outra?

Neste momento, passarei à parte propositiva desta conferência. Minha proposta será a de trabalharmos uma nova noção, conjuntamente com alguns dos conceitos já clássicos na Historiografia e na teoria do conhecimento ("paradigma", "escola", "campo histórico", "matriz disciplinar"). Esta nova noção terá a função principal de contrabalançar o incontornável efeito de simplificação que parece ser recorrente sempre que tentamos compreender o trabalho de um autor em relação às já discutidas noções de "paradigma" e "escola".

O recurso que estou em vias de propor tem a intenção de evitar o resultado simplório que obtemos ao tentar classificar determinado autor no interior de um único compartimento (um paradigma único, uma escola, uma corrente), como se este resolvesse todas as questões que podem ser colocadas a respeito deste autor. A partir do novo recurso que proporei, postulo que poderá se abrir aqui uma maior possibilidade de apreensão da complexidade de cada um dos pensadores a serem discutidos no âmbito da Historiografia, da Filosofia, da Educação ou de qualquer outro campo de conhecimento. Tomarei a liberdade de trazer de empréstimo, da Música, uma imagem que ajudará a compreender mais acuradamente a identidade teórica de cada autor a ser analisado.

O "acorde", na teoria e na prática musical, pode ser entendido como um conjunto de notas musicais que soam juntas e assim produzem uma sonoridade compósita. De maneira simplificada, podemos dizer que o acorde é um som constituído de outros sons, cada um dos quais integra a sua identidade sonora. Deve-se notar, ainda, que não são apenas os sons constituintes do acorde aquilo que configura a sua identidade sonora, mas também as relações de cada um destes sons com cada um dos outros e com a totalidade que os integra. Um som interferido por um outro, e mediado por um terceiro, transforma-se na verdade em um fenômeno sonoro novo, de modo que podemos dizer que um acorde corresponde não apenas a uma combinação de sons, mas também a uma combinação de relações de sons que interagem reciprocamente[1].

---

1. O conceito de "acorde" também está na base da arte da elaboração de perfumes, e neste caso corresponde a uma "mistura de cheiros" que, combinados, corresponde à informação total captada pelo olfato humano. O acorde olfativo também é constituído de notas. Basicamente, a combinatória de aromas com vistas à produção de um perfume trabalha com três grupos de notas: 1) As "notas de fundo", que são constituídas pelos fixadores que mantêm o perfume por mais tempo, fazendo-o perdurar por sete ou oito horas. 2) As "notas de corpo" (ou "notas de coração"), constituídas por moléculas que perduram quatro ou cinco horas antes de se volatilizarem. 3) As "notas de topo" (ou "notas de cabeça"), responsáveis pelo primeiro impacto do perfume. • Em outros campos, o conceito de "acorde" também tem sido utilizado. A Enologia, por exemplo, também incorpora elementos de terminologia musical para entender a identidade compósita que constitui o sabor de um vinho.

Podemos visualizar através de uma pauta de cinco linhas, como a que foi acima desenhada, a representação de um acorde musical. Todavia, devemos sempre compreender que o acorde é um fenômeno sonoro, independente da representação que lhe atribuamos em uma folha de papel[2]. A representação de acordes na pauta musical, e de melodias formadas por notas musicais em sucessão, foi apenas um recurso que os músicos inventaram para comunicar, uns aos outros, a música que deve ser executada. No caso dos acordes, entrementes, deve-se entender que, na realidade musical, as notas não se manifestam uma por cima da outra, como a figura sugere, mas sim uma "por dentro" da outra. Um acorde é um som formado por vários sons que soam simultaneamente, uns interferindo nos outros e todos terminando por produzir uma coisa nova.

Na teoria e na prática musical, o "acorde" pode ser de fato entendido como um conjunto de notas musicais que soam juntas e assim produzem uma sonoridade compósita. Devo lembrar, entretanto, que a noção de "acorde" não aparece exclusivamente na Música, embora aí tenha a sua origem. O conceito de "acorde" também fundamenta campos diversos da criação humana. Ele aparece, por exemplo, na Enologia – ciência e arte que estuda todos os aspectos envolvidos

---

2. Na música, o "acorde", em sua posição fundamental, é constituído por uma suposição de intervalos de terças que se estabelecem, do grave para o agudo, a partir da "nota fundamental".

na produção e consumo do vinho. De igual maneira, a noção de "acorde" também está na base da arte da elaboração de perfumes, e neste caso corresponde a uma "mistura de cheiros" que, combinados, equivalem à informação total captada pelo olfato humano. O acorde olfativo também é constituído de notas[3].

Na Música – ou mais especificamente no sistema harmônico que se desenvolveu na história da música nas culturas ocidentais – o "acorde" é constituído por uma suposição de intervalos de terças que se estabelecem, do grave para o agudo, a partir da "nota fundamental". Na figura trazida pela pauta, cada um daqueles pequenos círculos negros, que estão empilhados, corresponde a um som que poderia ter sido perfeitamente emitido de maneira isolada. No acorde, contudo, eles soam juntos: estão amarrados em um único momento, e por isso implicam um no outro formando uma identidade sonora nova. O acorde corresponde a uma simultaneidade de sons, a um feixe transversal de notas musicais que passam a interagir uma com a outra de modo a formar uma coisa nova.

Será útil ter em vista, ainda, que todo acorde possui, por um lado, notas musicais explícitas, as quais são imediatamente audíveis pelo ouvido humano, e que são aquelas que o músico faz soar no seu instrumento pressionando conjuntamente as teclas de um piano ou tangendo as cordas de seu violão. Mas um acorde musical, e na verdade mesmo cada nota musical isoladamente, também carrega as suas sonoridades secretas – que são aquelas que o ouvido humano não percebe habitualmente, mas que compõem um sutil comple-

---

3. Cf. nota 1 deste capítulo.

xo sonoro de sonoridades ocultas que na Teoria da Música são denominadas "harmônicos". Os harmônicos de um som, em que pese que não possam ser percebidos diretamente pelo ouvido humano, são decisivos para a constituição da identidade de um som musical. Eles têm um papel fundamental, por exemplo, na constituição do timbre de um instrumento. Além disto, embora o ouvinte comum não possa percebê-los, eles estão lá, integrando também a identidade do acorde[4]. Esta noção, a dos "harmônicos", também será útil mais adiante.

Ousarei colocar em interação esta imagem musical, a do "acorde", e a Teoria da História. Trata-se apenas de uma experiência reflexiva, não mais do que isto. Um "acorde teóri-

---

4. Acusticamente falando, qualquer som emitido isoladamente por um instrumento, como uma nota musical da escala de Dó Maior, por exemplo, corresponde a um complexo emaranhado de ondas sonoras, embora o ouvinte humano só perceba como "altura" a onda mais grave (de frequência mais baixa). Os harmônicos correspondem precisamente aos sons parciais que compõem a sonoridade de uma nota musical, e, embora não possam ser percebidos pelo ouvido comum, contribuem decisivamente para a definição do *timbre* de um instrumento. Assim, é a combinação das forças relativas de cada harmônico que proporciona o timbre de uma nota tal como ela é escutada (para além de outro fator importante que se relaciona ao tipo de "forma" do feixe de ondas sonoras que corresponde ao som considerado, com o que já estaríamos adentrando uma questão acústica um pouco mais complicada). Quanto mais rica em harmônicos superiores, mais brilhante a sonoridade de um instrumento – como é o caso do oboé ou do violino. Já a flauta possui um som fundamental mais forte e harmônicos importantes em menor número. Enquanto isto, o timbre muito específico do clarinete é produzido pela predominância dos harmônicos ímpares – o que dá a este instrumento aquela sonoridade oca que lhe é tão peculiar. • Para nossa metáfora, só interessa compreender que o harmônico é uma espécie de sonoridade oculta, que nem sempre é percebida, mas que tem um papel importante na definição da sonoridade teórica final.

co" ou um "acorde historiográfico" será a metáfora que utilizarei para falar em um grupo de aspectos e/ou linhas de influência que permitem definir a visão de mundo e a prática de determinado historiador ou filósofo que se relacione com a História enquanto campo de conhecimento. O mesmo recurso, aliás, pode ser empregado para o exame de pensadores ligados a qualquer campo de saber.

Considerando que seja possível pensar um determinado autor (ou não) no interior de certo "paradigma historiográfico", ou em algum lugar "entre paradigmas", a noção de "acorde teórico" (ou "acorde historiográfico", se for o caso) nos permitirá restituir alguma complexidade à percepção sobre as especificidades deste autor. Em suma, se enquadrar um autor no interior de um paradigma pode ter um efeito de podar algumas de suas especificidades ou de pôr a perder algumas de suas singularidades, a utilização do recurso do "acorde teórico" pretende enfrentar o desafio de recuperar um pouco desta complexidade.

Suponhamos, experimentalmente, que certos pensadores podem ser representáveis – ao menos em relação à maior parte de sua produção bibliográfica (ou em relação a certas fases desta produção), ou então com relação a uma problemática específica – por certo "acorde teórico", ou por determinado "acorde historiográfico". O "acorde teórico" constituirá, neste caso, um procedimento criativo com vistas a permitir uma maior aproximação relativamente à ambiência mental que caracteriza determinado pensador. Ele pode favorecer uma melhor percepção da complexidade que envolve o pensamento de um autor. Através da noção de "acorde teórico" podemos nos acercar melhor do universo de ideias e elementos que, em certo autor, constituem a sua maneira singular de tratar o seu campo de saber, ou mesmo uma questão ou temática mais específica. O recurso, conforme proporei, permite que possamos perceber que as identidades teóricas – o pensamento deste ou daquele autor – são tão complexas como um acorde musical. O acorde teórico é um recurso para representar precisamente esta complexidade.

O modelo básico desta metáfora é o da Música. Um acorde contém necessariamente notas musicais que terminam por constituí-lo como um fenômeno sonoro novo – notas que se superpõem, que se interpenetram, que interferem umas sobre as outras. Algumas notas se modificam na presença de outras, outras impõem de maneira menos ou mais intensa a sua marca, outras funcionam como mediadoras na relação que se estabelece entre duas outras notas. A metáfora musical do acorde se abre a muitas possibilidades, e permite que relacionemos elementos diversos às várias notas que constituirão o acorde teórico de um autor.

Um "acorde teórico" pode conter "notas" que remetem às diversas influências autorais que repercutem no autor (influências explicitadas ou implícitas, reconhecidas ou não pelo autor), ou ainda notas que o relacionam a determinados paradigmas ou correntes teóricas. De igual maneira, o acorde teórico – ou o "acorde historiográfico", para o caso da identidade teórica de um historiador – pode incluir "notas" que remetem a aspectos metodológicos, e outras ainda que se refiram a instâncias importantes que se integram ao ambiente mental do qual emerge a obra de um autor (entre estas instâncias, por exemplo, podemos pensar no papel da religiosidade, da nacionalidade ou da etnicidade na constituição da identidade teórica do autor analisado). É possível pensar também em uma nota que remeta ao "estilo" literário, se este tiver um peso importante na constituição de uma obra ou de uma tendência autoral, ou também em uma nota que remonte à militância política ou a aspectos éticos, se estes forem constitutivos da identidade teórica de um autor.

Consideraremos também que uma "nota" de um acorde teórico não precisa necessariamente se referir a uma "coisa" única, pois pode se dar o caso de que pensemos, a partir da "nota" proposta para o acorde, em uma *relação*. Se pensarmos no filósofo oitocentista Søren Kierkegaard (1813-1855), que passa por ter sido o precursor do paradigma filosófico do Existencialismo, talvez não consigamos encontrar para o seu "acorde teórico" uma nota fundamental que lhe seja tão característica – para além do próprio *Conceito de angústia* (1844), que fundará o paradigma do Existencialismo – como a "tensão entre a dúvida e a crença". Talvez mais do que uma "tensão" entre a dúvida e a fé, possamos falar, em Kierkegaard, para utilizar um conceito deste mesmo filósofo, no "salto" da dúvida para a fé. Este "salto da dúvida para a crença", a *tensão* gerada por este salto que elabora simultaneamente a crítica da "dúvida cartesiana" e a crítica do formalismo que impregna o "cristianismo oficial", pode ser tomada, ela mesma, como a nota mais saliente do "acorde Kierkegaard". A "nota", aqui, transformou-se em um "intervalo" – conceito que, na Música, representa a passagem de uma nota para a outra. Com isto, pretendo dar apenas um exemplo possível, a ser revisto posteriormente.

As notas de um acorde, portanto, podem ser de vários tipos. Vou chamar de "notas características" a estas que se referem a um elemento qualquer, ou mesmo a uma relação entre elementos, e "notas de influência" àquelas com as quais julgamos ver um autor introduzido em sua rede interautoral (isto é, no seu diálogo com outros autores). O "acorde teórico", enfim, constitui um recurso analítico que apresenta como finalidade principal introduzir uma discussão sobre o ambiente mental que torna possível a emergência de uma determinada obra, mas sempre levando em conta que este ambiente mental deve ser ele mesmo considerado no interior de um contexto.

Tal perspectiva de análise leva em consideração que nenhum autor está isolado de seu contexto, de seus leitores, de outros autores. Assim, por exemplo, qualquer autor sempre deverá ser examinado no interior de um universo interautoral, constituído por autores de seu tempo e de outros tempos. Destes autores contemporâneos e extemporâneos, o autor que compõe o seu acorde extrai "notas de influência", mas também "notas de contraposição". Aliás, quando falamos de "influência", temos que ter em vista a importância efetiva que um autor – ou um aspecto de seu pensamento – teve para outro autor, e não um grau de parentesco que porventura se estabeleça entre os dois quando comparamos os seus sistemas de ideias. Um autor, aliás, pode mesmo resistir ao pensamento deste autor cuja importância é extraordinariamente grande para ele (conscientemente assumida ou não), e estar perfeitamente sintonizado nas linhas mais gerais com outro autor que na verdade não tem importância nenhuma na formação de sua identidade teórica.

Influência, enfim, não é o mesmo que parentesco teórico (as duas coisas podem se superpor ou não), e muito menos é uma relação de paternidade e filiação entre pensamentos. A influência é um encontro. Mas um desencontro pode se tornar tão importante quanto o encontro, e, portanto, se transformar em uma influência igualmente significativa. Em alguns casos, poderemos falar em verdadeiras "antinotas": elas são tão importantes para a formação de um acorde como as "notas de influência" propriamente ditas. Há autores que constroem a sua identidade teórica por oposição a certo fundo, sem o qual a sua cor singular não sobressairia. O fundo de contraposição pode ser tão importante para uma cor quanto a própria cor, como bem sabem todos os pintores modernos a partir do Impressionismo. O cromatismo de um acorde extrai a qualidade do seu timbre, em parte, daquilo que a composição elegeu para compor a paleta de contrastes.

De qualquer maneira, o importante é termos consciência de que não é possível a um autor se isolar de sua época e de outras épocas. À sua própria época, ele é preso por um contexto que lhe impõe um tom; a todas as épocas ele está preso por uma rede de leituras pela qual se deixa capturar. Mesmo que resista a todas as influências autorais e se contraponha a todas elas – se tal fosse possível – neste caso ele também estará se deixando construir pelo contraste. Ainda que ele não se refira aos "autores de contraposição" através de seu próprio texto, e mesmo que não queira mencionar outros autores, os leitores que percorrerem sua obra na própria época, e em outras épocas, não poderão deixar de situá-lo em uma perspectiva de contrastes. Ainda que um autor não deseje ser capturado por uma rede autoral, será capturado por uma rede leitora. Cada um que o lê o situará necessariamente em uma relação interautoral, seja para pensar analogias ou contrastes. O leitor precisará fazer isto para compreender um autor, mesmo que à sua maneira (e só é possível compreendê-lo à sua maneira, à maneira do leitor).

Contra qualquer vontade que um autor possa expressar em contrário, ao deixar que seu pensamento se concretize em texto ele está criando um ambiente no qual se formarão acordes. Mesmo as influências que ele gostaria de evitar e os seus antípodas autorais talvez deixem a sua marca nesta harmonia inevitável, através de secretos "harmônicos" que repercutem por simpatia ou por antipatia. E tudo o que formou o seu pensamento talvez retorne de uma maneira ou de outra no texto que ele compõe. A maior parte desta infinidade de diálogos autorais que ressoa no fundo de um texto talvez não seja percebida senão como um timbre, e talvez não apresente qualquer importância para uma análise mais atenta; mas algumas notas se destacarão inevitavelmente aos olhos e ouvidos de quem lê ou ouve um texto. Um texto teórico, historiográfico, filosófico, literário, em nossa metáfora será música. E nesta metáfora não é possível fazer música sem acordes.

É claro que quem produz o acorde é no fundo o leitor. O autor compõe um ambiente harmônico a partir do qual surgem certas possibilidades de leitura. Mas esta questão é mais complexa. Por ora, a pergunta é se é possível pensar um acorde para o autor, ou se cada texto produz o seu acorde. Ou, ainda, se é uma "questão" que colocamos a interagir com um autor aquilo que produz o acorde, em consonância com a especificidade dos ouvidos e dos olhos do analista. Tudo isto se torna uma possibilidade. Para iniciar a exploração destas possibilidades, indago se um autor está necessariamente preso a um acorde.

Imaginar um pensamento autoral como relacionado a certo "acorde teórico" não impede que também consideremos que um autor pode mudar o seu "acorde" em sucessivas fases de sua produção, e isto não deixa de ser bastante comum em autores diversos. O filósofo Michel Foucault, por exemplo, esteve sempre se reinventando no decurso de sua produção intelectual, de modo que poderíamos imaginar esta produção em fases que sugerem uma sucessão de diferentes acordes, alguns contendo as mesmas notas de outros (a "nota Nietzsche", por exemplo, é constante em praticamente todos os "acordes" de Foucault), e outros introduzindo ou abandonando notas que apenas aparecem em uma única fase daquele autor (em Foucault, por exemplo, a "nota estruturalista", mencionada por alguns de seus analistas, apenas aparece no primeiro conjunto de obras filosóficas e históricas). Há mesmo autores que, em uma e outra fases de sua produção, parecem se contraditar francamente. Neste caso, se formos utilizar a metáfora do "acorde teórico" ou a noção de "identidade teórica", teremos de propor a ideia de que o "acorde teórico" destes autores mudou de uma para outra fase, ou mesmo de uma para outra obra.

Benedetto Croce (1866-1952) – historiador italiano geralmente referido pela Historiografia como um "historicista presentista", e que parece combinar "notas de influência" aparentemente tão dissonantes como Nietzsche e Hegel – passou antes disto por um rápido "acorde marxista", que, todavia, durou pouco tempo em relação à sua vasta produção intelectual. O historiador francês Paul Veyne (1930-), embora conserve sempre presente em sua identidade teórica a "nota de influência" foucaultiana, não parece ser exatamente o mesmo no livro *Como se escreve a História* (1971) e em *História conceitual* (1974), obras apenas separadas por três anos; além disso, novas nuanças diferenciais se insinuarão dois anos depois, em uma aula inaugural que proferiu em 1976, intitulada *O inventário das diferenças*. Há elementos comuns nestas obras, tais como o seu estilo literário ou a perene influência da nota foucaultiana, mas de fato, quando escolhemos uma questão transversal para contrastar as três obras – tal como a do próprio estatuto da História –, as diferenças parecem surgir. Assim, da História que no primeiro livro é apresentada essencialmente como uma "intriga", à qual se rejeita qualquer ideia de cientificidade, passa-se à História que apresenta certos "núcleos de cientificidade", no artigo sobre *A História conceitual* (1974).

Autores – sejam historiadores, filósofos, sociólogos, educadores, literatos, ou quaisquer outros – podem mudar significativamente, principalmente quando tomamos alguma questão específica como um "fio de Ariadne" que nos permita algum tipo de orientação através dos seus labirintos de ideias. Por outro lado, quando pensamos em um historiador como Leopold von Ranke (1795-1886), historicista de primeira hora na Alemanha do século XIX, impressiona a homogeneidade de sua obra no que concerne à maneira de pensar e fazer a História, de modo que podemos imaginar um único "acorde" para definir a sua identidade teórica. Conforme postularei, há autores mais monódicos, mais constantes em relação a um único padrão de unidade historiográfica ou filosófica, e existem autores que mudam seus padrões, menos ou mais significativamente, de modo que as suas vidas historiográficas ou filosóficas mais se assemelhariam a uma sucessão de certo número de acordes, menos ou mais contrastantes uns em relação aos outros.

O ritmo consoante o qual um autor muda, de maneira mais perceptível, ou a maneira como ele se transforma em relação à sua identidade teórica, deslizando de um padrão para outro ou renovando-se por completo de um para o outro instante – estas são questões a serem analisadas pela Historiografia ou pela História da Filosofia, conforme já discutiremos.

Obviamente que falar em um "acorde teórico" ou em um "acorde historiográfico" será apenas um recurso, imaginativo e retórico, para nos aproximarmos da compreensão dos modos de pensar e de agir de um autor diante da construção do conhecimento em sua área de atuação (história, filosofia, sociologia etc.). Essa metáfora não carrega maior responsabilidade que a de propor um artifício para pensar estes autores na conexão de suas linhas de influência, no ambiente de sua complexidade, nas suas potencialidades para a mudança ou para a permanência no que se refere a elementos importantes de sua identidade teórica.

Os seres humanos carregam consigo o privilégio de serem mutáveis, ambíguos, ou mesmo incoerentes. O uso do "acorde teórico" para compreender um autor é apenas um exercício útil de imaginação para captar esta complexidade e esta mutabilidade possíveis. De todo modo, as vantagens desta noção, por enquanto, parecem ser principalmente as três que se seguem. (1) Em primeiro lugar, ela nos permite evitar a classificação simples, monolítica (um historiador apenas como representante de um determinado paradigma ou membro de uma certa escola). Além do que – ainda que não nos desfaçamos do esforço de classificação que tradicionalmente localiza um autor em paradigmas, correntes ou escolas historiográficas –, a noção de "acorde teórico" possibilita enxergar um grande teórico ou historiador a partir de uma perspectiva polifônica, plural. (2) Em segundo lugar, a noção do "acorde" nos permitirá conceber um pensamento historiográfico como movimento, pois pensar em um "acorde" também permite que pensemos em uma "sucessão de acordes". Uma composição musical, por exemplo, frequentemente apresenta uma sucessão de acordes, que constitui a "harmonia" da obra. A noção de "acorde historiográfico", portanto, nos permitirá enxergar uma "complexidade transversal" a qualquer pensamento historiográfico (em um dado momento, todo pensamento historiográfico é múltiplo, apresenta diversas instâncias, e não uma só), e uma "complexidade horizontal", diacrônica, que se transforma no tempo: um historiador, ou um filósofo, não é obrigado a pensar exatamente da mesma forma em dois momentos de sua trajetória intelectual.

Fiquei devendo a terceira vantagem (3). A metáfora do "acorde" permite assimilar também as contradições, incoerências e discrepâncias de um autor, inclusive as que ocorrem sincronicamente. Na música, sabemos que diversos acordes contêm dissonâncias em sua própria estrutura, o que os torna *tensos* em si mesmos (diferente das "dissonâncias" que são produzidas contextualmente quando um acorde perfeitamente consonante em sua estrutura interna é confrontado com um ambiente tonal que lhe é estranho)[5]. O acorde

---

5. A música lida com os dois tipos de dissonâncias acórdicas, nas composições musicais. Existem, de um lado, acordes que contêm dissonâncias (tensões) em sua própria estrutura interna, tal como os acordes "dissonantes naturais" (o acorde de sétima da dominante, o de sétima diminuta, entre outros), ou ainda os acordes "dissonantes artificiais" (o acorde de quinta aumentada, por exemplo, entre outros que são produzidos por alterações em alguma de suas notas, mas sem que estas o levem a uma estrutura já familiar, como é o caso dos acordes dissonantes naturais). Mas existem ainda, de outro lado, os acordes que, embora estruturalmente sejam consonantes (como um acorde perfeito maior ou perfeito menor), e ainda que no contexto de certas tonalidades desempenhem funções de consonância ou de promover a estabilidade, já quando são deslocados para outras tonalidades (ou contextos harmônicos) tornam-se produtores de tensões e instabilidade (em uma palavra, passam a configurar uma dissonância). É o caso, por exemplo, de um acorde perfeito de Fá sustenido Maior, quando este é inserido em um ambiente harmônico de Dó Maior.

dissonante possui notas que se confrontam umas com as outras. São notas musicais que geram entre si uma aparente incompatibilidade. Mas o milagre da música é que, no interior de um acorde, essas dissonâncias são harmonizadas, resultam em algo belo – *tenso*, mas belo. O acorde, reunindo em um feixe único as suas notas estruturais e as suas dissonâncias, constitui em si mesmo uma "unidade artística". Mas o segundo milagre é que o "acorde tenso" também desempenha uma função importante, imprescindível, na verdade, no conjunto dos demais acordes. Sem os acordes tensos a harmonia não existiria. Poderíamos, metaforicamente, dispensar alguns acordes consonantes; mas os acordes dissonantes são imprescindíveis. A história da filosofia, hoje, pareceria demasiado empobrecida se subitamente a privássemos do "acorde Nietzsche".

Voltando à terceira vantagem do uso da metáfora dos "acordes teóricos", podemos dizer que aqui as dissonâncias internas deixam de ser um problema – ou algo que temos vontade de empurrar discretamente para debaixo de um tapete porque não cabe na arrumação ou no "padrão de limpeza" que estamos tentando impor. As dissonâncias interautorais, de fato, tornam-se constitutivas do próprio acorde.

Retomo, por ora, o já mencionado aspecto dinâmico da "análise acórdica", isto é, a possibilidade de apreender um pensamento autoral, ao longo de sua trajetória intelectual, como uma "sucessão de acordes". Conforme já pontuei através de alguns exemplos, se quisermos pensar no recurso ao "acorde teórico" como uma estratégia para nos aproximarmos da identidade teórica de um historiador ou de um filósofo, devemos sempre levar em consideração que a identidade teórica de um pensador é passível de transformações, menos ou mais radicais, através de sua trajetória produtiva.

Tal como mencionei mais acima, talvez não exista um autor que exemplifique tão bem a "mudança acórdica" mais radical como o filósofo Michel Foucault, que se reinventa a cada obra, ou que ao menos se reinventa em certas fases de sua produção. Desta maneira, podemos fazer uma imagem de sua produção intelectual como uma "sucessão de acordes", cada um mais ou menos diferente do outro, tal como ocorre com as autênticas "polifonias"[6].

---

6. Podemos propor uma divisão compreensiva da obra de Foucault em quatro fases, mas, assim mesmo, reconhecendo que este será um esquema demasiado simplificador para a produção deste filósofo. Antes de mais nada, evocaremos uma fase introdutória que está muito próxima ao período de formação acadêmica de Michel Foucault, e onde poderemos ver repercutida em seu acorde teórico uma influência forte e dupla, combinando o materialismo histórico e a fenomenologia. Esta fase pode ser bem tipificada pela primeira obra conhecida de Foucault, intitulada *Doença mental e personalidade* (1954), mas também pela tese de doutorado intitulada *Loucura e desrazão*, e que mais tarde seria publicada com o título *História da loucura* (1961). Mas esta obra é de certo modo uma inflexão para a fase seguinte. Por um lado ela concretiza o interesse muito claro de Foucault pela combinação de três áreas que constituíram muito fortemente a sua formação: a Filosofia, a Psicologia, e a História. Por outro lado, *História da loucura* já anuncia as ideias estruturalistas que caracterizarão a segunda fase. • De fato, a segunda acórdica no pensamento de Michel Foucault é aquela em que se pode perceber um diálogo mais intenso com o Estruturalismo, e que se desenvolve nos anos de 1960. Chamaremos a esta fase foucaultiana de "Fase Arqueológica", e situaremos seus marcos, além desta obra de inflexão que é *História da loucura* (1961), nas obras *O nascimento da clínica* (1963), *As palavras e as coisas* (1966), e *Arqueologia do saber* (1966), sendo que esta última obra também é uma espécie de ponto de inflexão para uma próxima fase, já que já começam aqui a aparecer as primeiras críticas ao Estruturalismo. • Uma terceira fase é aquela que poderemos definir como a de uma "Análise tecnológica do poder", e que corresponde fundamentalmente à maior parte das obras escritas nos anos de 1970. Desde a *Ordem do discurso* (1971), uma síntese extraordinariamente precisa da nova perspectiva, até obras extremamente relevantes como *Vigiar e punir* (1975) e o primeiro volume de *História da sexualidade*, que leva o subtítulo de *A vontade de saber*

Continua

Analogamente ao que nos mostra o exemplo de Michel Foucault, há diversos pensadores que apresentam uma produção menos monódica, e que precisam ser pensados de maneira mais complexa, particularmente nos diversos momentos de sua trajetória. Para alguns seria possível pensar na sua produção intelectual como se estivéssemos diante de uma grande composição musical dividida em algumas partes internas, cada uma com a sua tonalidade, e dentro de cada parte ocorrendo ainda a sucessão de acordes. Há mesmo os que, embora não sejam tantos, são tão mutantes que seria melhor pensar um acorde específico para cada uma de suas obras, tal a facilidade como se reinventam; de certa maneira, estes são os antípodas daqueles autores que se pautam por uma extrema coerência teórica, bastante "monódica" no sentido que esta expressão adquire na teoria musical.

(1976), esta fase se define muito claramente por um novo enfoque, menos teórico e mais histórico-metodológico, e por um novo objeto, voltado para o esforço de compreensão acerca dos modos como o poder se estabelece e se faz obedecer no seio das diversas sociedades. • Por fim, definiremos uma quarta fase acórdica no âmbito de uma certa continuidade em relação à fase anterior no que concerne à preocupação com os aspectos políticos, mas que por outro lado apresenta um deslocamento de temáticas, abandonando mais especificamente o estudo das tecnologias de poder e voltando-se para o estudo das formas de luta e resistência inerentes às relações de poder. Esta fase também adquire uma cor nova e específica na produção foucaultiana no sentido de que o indivíduo adquire uma nova centralidade enquanto ponto focal de afirmação da liberdade. De fato, aqui veremos se pronunciar na produção foucaultiana o reconhecimento da possibilidade de transformação do mundo através das resistências ao poder, uma perspectiva que era radicalmente rejeitada na primeira fase – já nesta que o homem era sobredeterminado por estruturas que estavam além do seu alcance – e de alguma maneira também secundarizada na segunda fase, mais voltada para os modos como o poder se estabelece do que para os modos como os homens podem enfrentar as diversas tecnologias de poder. Esta fase é assinalada pelas obras escritas entre 1977 e 1984.

Quando olhamos para a produção historiográfica de Ranke, tal como já fizemos notar e logo poderemos verificar em maior detalhe, somos levados a pensar que estamos diante de uma coerência quase monódica, ou de um acorde único sobre o qual se constrói uma melodia que nos faz pensar na unidade rigorosa de uma única e grave vida historiográfica. Mas existem ainda as trajetórias cumulativas: são produzidas por autores que não podemos considerar propriamente "monódicos", embora apresentem a notável coerência de uma obra cuja identidade teórica vai sendo delineada no decorrer dos anos, tal como uma construção que se sofistica e se fortalece gradualmente, adquirindo solidez e imponência. Pensamos no exemplo de Max Weber, autor no qual é possível constatar a "notável coerência de uma obra, na qual os temas e os modos de tratá-los vão ganhando forma ao longo dos anos, mas já se encontrando claramente delineados nos seus primeiros trabalhos"[7].

Outra variação está naqueles pensadores que são também coerentes dentro de um arco de maior alcance, mas considerando que a sua produção vai se transformando de maneira mais discreta, sendo possível identificar várias fases, como

---

7. Com estas palavras, Gabriel Cohn procura formar uma imagem do vasto e coerente edifício weberiano, na Apresentação para a coletânea de textos de Max Weber da coleção Grandes Cientistas Sociais, coordenada por Florestan Fernandes (COHN, 2008: 10). O caso de Weber é, aliás, bastante singular. Este pensador e pesquisador alemão alternou fases de intensa produtividade bibliográfica com fases de maior rarefação produtiva. Os períodos produtivos seriam: 1) 1891 a 1897 (fase em que foi professor na Universidade de Freiburg); 2) 1903 a 1906; 3) 1911 a 1913; 4) 1916 a 1919. Os vazios produtivos, contudo, não interromperam a coerência da trajetória weberiana, e cada fase parece retomar, aprofundar, desenvolver em novas direções e desdobrar temáticas e aportes teóricos iniciados anteriormente.

se fossem as seções internas de uma obra musical. Em alguns, há rupturas e contrastes mais definitivos entre as suas várias fases – o que ocorre, por exemplo, quando se verifica a migração de um autor que se transfere abruptamente de um paradigma a outro, mas também em diversas outras situações – e, em outros, há como que deslizamentos de uma fase a outra, imperceptíveis deslocamentos ou degradações para um novo ambiente cromático, tal como a manhã que se transforma em tarde e depois em noite. Os pensadores, nos diversos campos de saber, nos oferecem, portanto, uma considerável riqueza de possibilidades quando tentamos empreender uma leitura de suas trajetórias produtivas.

Com muita frequência, são utilizados esquemas visuais ou geométricos para a tentativa de esclarecer as inserções autorais nos diversos paradigmas, escolas, correntes teóricas, e assim por diante. Visualmente, em uma superfície de duas dimensões (o quadro-negro de uma sala de aula, por exemplo), um professor costuma utilizar o recurso de desenhar mapas teóricos como este:

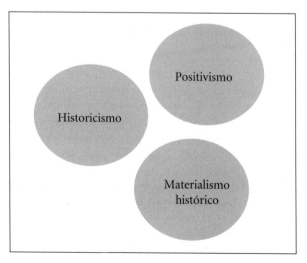

Digamos que o esquema acima procura situar os três paradigmas mais importantes para as ciências humanas no século XIX: o historicismo, o positivismo e o materialismo histórico. Um esquema visual como este constitui, na verdade, uma metáfora espacial, a qual apresenta certa eficácia didática. No esquema, são confrontados três paradigmas de importância análoga para determinado campo de saber, como a História, em certo período considerado (o século XIX e início do XX, por exemplo). Suponhamos, agora, que desejamos localizar certos autores em relação a estes paradigmas.

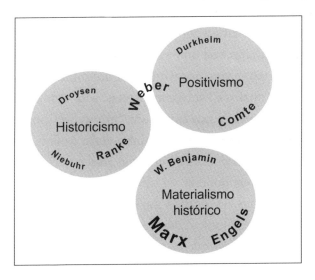

Ranke, Niebuhr e Droysen são autores que, sem maiores discussões, podemos localizar, em um esquema como este, "dentro" do paradigma historicista. Ninguém questionaria, tampouco, a inserção de Augusto Comte no interior do paradigma positivista, pois ele mesmo passa por ter sido um dos que cunharam a própria palavra "positivismo", e é um dos pensadores que lançaram as bases da corrente positivista. É igualmente óbvio que Marx e Engels estão no lugar certo do esquema, já que foram os fundadores do paradigma que ficou conhecido como materialismo histórico. Walter Benjamin, um autor da primeira metade do século XX, costumava se ver também como filiado a esta corrente (embora, na verdade, seu pensamento seja bem complexo e também se filie a muitas outras coisas, além de receber influências diversas). Émile Durkheim, sociólogo das primeiras décadas do século XX, também rende em seus textos as devidas homenagens e referências ao positivismo comtiano, pelo qual ele mesmo se considerava bastante influenciado. Ora, mas o que fazer com um autor como Max Weber? Este sociólogo-historiador alemão, na sua leitura sobre o que deveriam ser as ciências sociais e humanas, respondia a certas questões como um historicista, e, em outras, aproximava-se das soluções positivistas. Alguns analistas, ao reconhecerem isto, tendem a uma solução que o classifica como um "historicista-positivista", ou como um autor a meio caminho entre os dois paradigmas, ou outras soluções como estas. No esquema espacial proposto, Weber poderia ser situado visualmente entre os dois paradigmas, ou tocando um e outro, e assim por diante.

Este tipo de solução, conforme já mencionei antes, dificulta a percepção de que os autores, na realidade, são complexos. Por vezes, eles não são "meio" uma coisa, "meio" outra (lembremos do exemplo de Paulo Freire). De igual maneira, um esquema como o que foi proposto situa Ranke e Droysen no mesmo campo paradigmático, o que está correto. Contudo, não é só isto o que está em jogo. Se Droysen era um historicista, ele tinha na sua identidade teórica (na sua maneira de ver as coisas, digamos assim) uma influência significativa de ideias e certos conceitos inspirados em Hegel. Ranke, por sua vez, detestava Hegel – a ele se opunha intelectualmente.

Droysen e Ranke, enfim, embora sejam dois historicistas, possuem cada qual as suas próprias idiossincrasias, as suas influências, as suas tendências a utilizar determinados conceitos e categorias, e assim por diante. Classificá-los como "historicistas", simplesmente, não dá conta da complexidade de cada um deles, e muito menos das diferenças que estes dois historiadores trazem entre si, apesar dos pontos em comum que possuem no que concerne a certos aspectos os fazem ser dois historicistas. Também saberemos pouco de Walter Benjamin se apenas pensarmos nele como um "materialista histórico". Ele é isso, certamente. Mas também traz na sua identidade teórica a influência de Freud e da psicanálise, e mesmo de Nietzsche, se considerarmos o seu estilo e a sua crítica à noção de progresso (isso fica bem explícito nas célebres *Teses sobre o Conceito de História*, deste autor). Uma espécie de misticismo judaico, um romantismo pessimista, e tantos outros elementos são instâncias tão constitutivas da identidade teórica de Walter Benjamin quanto a sua sintonia com os princípios fundamentais do materialismo histórico.

É para abrir a possibilidade de apreender melhor a complexidade autoral de pensadores diversos, nas várias áreas de conhecimento, que proponho a utilização de uma imaginação musical, a partir do conceito de "acorde teórico". A imaginação acórdica é preferível à imaginação geométrica, por uma razão. Quando criamos uma imagem "espacializada", inventamos um lugar definido para cada coisa, tal como foi atrás exemplificado. Essa espacialização pode ser utilizada, ou não, para hierarquizar os elementos representados. De todo modo, cria-se necessariamente uma separação entre estes elementos espacializados em um esquema visual. Uma coisa está em um lugar, e não em outro, ainda que os diversos elementos interfiram uns sobre os outros. Foi o que vimos nos exemplos antes arrolados, quando consideramos a sua posição em relação ao esquema visual. Em contrapartida, a Música nos oferece uma metáfora de eficácia e beleza insuperáveis. Um acorde pode ser representado visualmente ("espacialmente") em uma pauta, adquirindo o formato de notas musicais, estes pequenos círculos que, tal como vimos, estão superpostos uns aos outros:

Já observei, contudo, que esta não é mais do que uma rudimentar representação visual de um fenômeno musical – o "acorde", que é uma combinação de sons – e esta representação apenas existe para facilitar o trabalho de comunicação entre os músicos e dar uma pálida ideia acerca de uma combinação sonora que só pode ser realizada efetivamente por instrumentos musicais. Tal como já mencionei, na música as notas de um acorde não estão de fato superpostas umas às outras: elas acontecem ao mesmo tempo, interpenetram umas às outras e terminam por produzir uma coisa nova, que percebemos em termos de alturas musicais, timbres, ritmos e intensidades sonoras. Não é possível, senão rudimentarmente, representar a música: só podemos senti-la. Só podemos perceber isto, esta realidade pungente que é o fenômeno sonoro, capaz de agregar simultaneamente realidades diversas que se presentificam em um único movimento da alma, quando ouvimos ou tocamos música.

Se compararmos com música um pensamento autoral – em um campo de saber como a História, a Filosofia ou a Sociologia – poderemos começar a compreender que os homens de fato pensam polifonicamente: todos os sons que compõem os acordes de seus pensamentos estão presentificados, interpenetrados. Uns são mais fortes (ou mais intensos) do que outros, e alguns recuam para o silêncio ou para um nível de sonoridade menos intenso neste ou naquele momento, mas todas as notas musicais (todos os sons) ocorrem ao mesmo tempo. Presentificados em um mesmo pensamento autoral, podem se entrelaçar notas que outros considerariam destoantes, mas que naquele sistema ou caos de pensamentos adquire uma convivência harmônica especial. A mente humana, poderíamos propor esta imagem, é mais musical do que geométrica (e isto é apenas mais uma metáfora).

Quando tratamos da análise de autores específicos, e almejamos capturar algo da sua complexidade teórica, a imagem do "acorde teórico" pode ser, por isso mesmo, particularmente útil. Através da imagem visual (e sonora) do "acorde" – capaz de materializar várias coisas que acontecem ao mesmo tempo, e mesmo aquelas influências invisíveis ou menos audíveis, que são os "harmônicos" – podemos compor para um autor um quadro de influências e traços característicos ("notas") tão complexo quanto desejemos. A imagem do "acorde teórico", ou do "acorde historiográfico", é especialmente útil como recurso de imaginação teórica, porque permite conceber como partes de um mesmo movimento ou de uma identidade integral as várias coisas que estão acontecendo simultaneamente em um mesmo sistema de pensamento. De resto, os "acordes teóricos" não existem, mas podem ser construídos como meios eficazes para a representação de todo um ambiente intelectual que ajuda a produzir, hipoteticamente, a "identidade teórica" de um autor. Um autor pode apresentar como "nota paradigmática" o positivismo, o historicismo ou o materialismo histórico, ou mesmo uma combinação de dois destes paradigmas, mas nada impede que ele incorpore uma outra nota de influência, ou várias, até mesmo extraídas de outros campos de saber.

Por fim, sustentamos que o uso da metáfora dos "acordes teóricos" ou "acordes historiográficos", conforme o caso, pode se mostrar particularmente oportuno para evidenciar o fato de que nenhum paradigma é habitado intelectualmente por pensadores inteiramente homogêneos entre si, mas apenas por pensadores que apresentam determinadas afinidades em relação a certos parâmetros importantes. Não existe um pensamento homogêneo que atravessa todo o historicismo do século XIX, e as críticas de Droysen a Ranke atestam isto. Mas se nos valermos do recurso do "acorde historiográfico", isso poderá favorecer a compreensão de que existe uma base historicista comum a estes e a muitos outros historiadores, uma "nota fundamental" no "acorde historiográfico" de cada um deles, se quisermos pensar desta maneira, embora cada qual possa incorporar outras notas ao seu próprio "acorde". O recurso ao "acorde historiográfico" permite que examinemos cada historiador ou intelectual a partir das suas singularidades, mas também conservando a possibilidade de enxergar teoricamente o que este intelectual pode ter em comum com outros, inclusive com aqueles que, de acordo com determinada leitura, partilham com ele o mesmo paradigma. Os acordes, tal como já disse, podem ter "notas em comum" uns com os outros, mas também "notas diferenciais" entre si.

Neste momento, eu gostaria de finalizar esta conferência com um convite ao pensar complexo, ou, mais especificamente, ao "pensar acórdico". A proposta é deixar que a música contribua com um novo modelo para a imaginação teórica. O modelo do "acorde" pode oferecer a oportunidade de pensar a diversidade como harmonia, e não como incoerência, e ainda levar o pesquisador a cultivar o mesmo tipo de responsabilidade pelas suas escolhas teóricas que têm os músicos ao empreenderem as cuidadosas escolhas de sons para as suas composições musicais.

Referências

ALBUQUERQUE, D.M. (2009). "O tecelão dos tempos – O historiador como artesão das temporalidades". *Boletim do Tempo*, ano 4, n. 19.

ANDRADE, M. (2008). *Macunaíma – O herói sem caráter*. Rio de Janeiro: Agir.

ANKERSMIT, F.R. (2001). "Historiografia e pós-modernismo". *Topoi* – Revista de História, vol. 2. Rio de Janeiro: UFRJ ["Historiography and Postmodernism". *History and Theory*, n. 28, 1989, p. 137-153].

ARÓSTEGUI, J. (2006). "A formalização e a informatização". *A pesquisa histórica*. Bauru: Edusc, p. 553-555.

BAILYN, B. (1982). "The Challenge of Modern Historiography". *American Historical Review*, vol. 87, p. 1-24.

BAKHTIN, M. (1992). *Estética da criação verbal*. São Paulo: Martins Fontes.

_____ (1985). *Marxismo e filosofia da linguagem*. São Paulo: Hucitec.

_____ (1981). *Problemas da poética de Dostoievski*. Rio de Janeiro: Forense Universitária.

BARANTE, A.G.P.B. (1848). "Histoire". In: RENIER, L. (org.). *Encyclopédie Moderne* – Dictionnaire abrégé des sciences, des lettres, des arts, de l'industrie, del'agriculture et du commerce. Nouvelle edition, tome 17. Paris: Firmin Didot.

BARROS, D.L.P. (1994). "Dialogismo, polifonia e enunciação". In: BARROS, D.L.P. & FIORIN, J.L. (orgs.). *Dialogismo, polifonia, intertextualidade*: em torno de Bakhtin. São Paulo: Edusp.

BARROS, J.D'A. (2008). "História, narrativa, imagens: desafios contemporâneos do discurso historiográfico". *Antíteses*, vol. 1, n. 1, jan.-jun.

_____ (2004). *O campo da História*. Petrópolis: Vozes.

BELTING, H. (2006). *O fim da história da arte*. São Paulo: Cosac & Naif.

BERMAN, M. (1998). *Tudo o que é sólido desmancha no ar* – A aventura da Modernidade. São Paulo: Companhia das Letras.

BLOCH, M. (2001). *Apologia da História*. Rio de Janeiro: Zahar [original publicado: 1949, póstumo; original de produção do texto: 1941-1942].

_____ (1952). *Les caractères originaux de l'histoire rurale française*. Paris: A. Colin.

BRAUDEL, F. (1990). *História e ciências sociais*. São Paulo: Martins Fontes.

_____ (1984). *O Mediterrâneo e o mundo mediterrânico*. São Paulo: Martins Fontes [Paris: A. Colin, 1949, 3 vols. – original: 1949; edição ampliada: 1966].

_____ (1969). *Écrits sur l'Histoire*. Paris: Flammarion.

_____ (1967). *Civilisation matérielle et capitalisme*. Paris: [s.e.].

BURKE, P. (1992). "A história dos acontecimentos e o renascimento da narrativa". *A escrita da História:* novas perspectivas. São Paulo: Unesp, p. 327-348.

BURKE, P. & PORTER, R. (orgs.) (1997). *Línguas e jargões*. São Paulo: Unesp.

BURTON, O.V. (1992). "Quantitative Methods for Historians". *A Review Essay* – Historical Methods, vol. 25, n. 4, p. 181-188.

CARDOSO, C.F. (1979). *Agricultura, escravidão e capitalismo*. Petrópolis: Vozes.

CARDOSO, C.F. & BRIGNOLI, H.-C. (1983). *Os métodos da História*. Rio de Janeiro: Graal.

CARRARD, P. (1992). *Poetics of the New History* – French Historical Discourse fron Braudel to Chartier. Baltimore/Londres: The John Hopkins University Press.

CASTELLS, M. (1999). *A era da informação*: economia, sociedade e cultura. São Paulo: Paz e Terra.

CERTEAU, M. (1982). "A operação historiográfica". *A Escrita da História*. Rio de Janeiro: Forense Universitária, p. 65-119 [original: 1974].

CEZAR, T. (2004). "Narrativa, cor local e ciência: notas para um debate sobre o conhecimento histórico no século XIX". *História Unisinos*, vol. 8, n. 10, jul.-dez., p. 11-34. São Leopoldo.

CHALHOUB, S. (1990). *Visões da liberdade* – Uma história das últimas décadas da escravidão na corte. São Paulo: Companhia das Letras.

_____ (1986). *Trabalho, lar e botequim*. São Paulo: Brasiliense [original: 1984].

COHN, G. (2008). "Introdução". In: WEBER, M. *Weber – Sociologia*. São Paulo: Ática, p. 7-34 [org. por G. Cohn].

COLLINGWOOD, R.G. (1946). *The Idea of History*. Oxford: Oxford University Press [*A ideia de História*. Lisboa: Presença, 2001].

COUSIN, V. (1988). "De la philosophie de l'histoire" (1823). In: GAUCHET, M. (org.). *Philosophie des Sciences Historiques* – Textes de P. de Barante, V. Cousin, F. Guizot, J. Michelet, F. Mignet, E. Quinet, A. Thierry. Lille: Presses Universitaires de Lille.

CROCE, B. (1968). *Theorie et l'Histoire de l'Historiographie*. Paris: Droz [original: 1917].

_____ (s.d.). *A História reduzida ao conceito geral de arte*. [s.l.]: [s.e.] [original: 1893].

DANTO, A. (2006). *Após o fim da arte* – A arte contemporânea e os limites da História. São Paulo: Edusp.

DAVIES, N. (1984). *Heart of Europe*: a Short History of Poland. Oxford: [s.e.].

DAVIS, N. (1989). "Du conte et de l'histoire". *Le Debat*, n. 54, mar.-abr. Paris: Gallimard.

_____ (1987). *O retorno de Martin Guerre*. Rio de Janeiro: Paz e Terra [original: 1983].

DEBRAY, R. (1992). *Vie et mort de l'image* – Une histoire du regard en Occident. Paris: Gallimard/Folio.

DOSSE, F. (1994). *A História em migalhas*. São Paulo: Ensaio [original: 1987].

DUBY, G. (1994). "O historiador hoje". In: LE GOFF; DUBY & ARIÈS (orgs.). *História e Nova História*. Lisboa: Teorema, p. 7-21.

FAZENDA, I.C. (1994). *A interdisciplinaridade*: História, teoria e pesquisa. Campinas: Papirus.

FEBVRE, L. (1965). *Combats pour l'histoire* (1953). Paris: Armand Colin.

_____ (1922). *La terre et la evolution humaine*. Paris: [s.e.].

FERRO, M. (1992). *Cinema e História*. Rio de Janeiro: Paz e Terra.

FONSECA, L.A. (2004). "As relações entre História e Literatura no contexto da atual crise da dimensão social da narrativa histórica". *Actas do Colóquio Internacional Literatura e História*. Vol. 1. Porto, p. 265-278.

FONSECA, T.N.L. (2006). *História & ensino de História*. 2. ed., 1. reimp. Belo Horizonte: Autêntica.

FOUCAULT, M. (2009). *As palavras e as coisas*. São Paulo: Martins Fontes.

_____ (1996). *A ordem do discurso*. São Paulo: Loyola.

FRANCO, M.S.C. (1974). *Homens livres na ordem escravocrata*. São Paulo: Ática.

FREEDBERG, D. (1989). *The Power of Images* – Studies in the history and theory of response. Chicago: The University of Chicago Press.

GAUTHIER, A. (1996). *Du visible au visuel* – Anthropologie du regard. Paris: PUF.

GAY, P. (1990). *O estilo na História*: Gibbon, Ranke, Macaulay, Burckhardt. São Paulo: Companhia das Letras.

GINZBURG, C. (1994a). "O inquisidor como antropólogo". *A micro-história e outros ensaios*. Lisboa: Difel [original: "The Inquisitor as Anthropologist: an Analogy and its implications". *Class, Myths and the Historical Method*. Baltimore: John Hopkins University Press, 1989].

_____ (1994b). "Provas e possibilidades". *A micro-história e outros ensaios*. Lisboa: Difel, p. 179-202.

_____ (1991a). "De A. Warburg a E.H. Gombrich: notas sobre um problema de método". *Mitos, emblemas e sinais*. São Paulo: Companhia das Letras, p. 41-93.

_____ (1991b). "Raízes de um paradigma indiciário". *Mitos, emblemas e sinais*. São Paulo: Companhia das Letras, p. 143-179 [original: 1986].

_____ (1989). *Indagações sobre Piero*. Rio de Janeiro: Paz e Terra.

GOUBERT, P. (1992). "História Local". *História & Perspectivas*, jan.-jun. Uberlândia.

GUHA, R. (2002). *History at the Limit of World-History*. Colúmbia: Columbia University Press.

_____ (1996). *The Small voice of History* – Estudos Subalternos. Delhi: Oxford University Press.

GULLAR, F. (2003). *Argumentação contra a morte da arte*. São Paulo: Revan.

HOBSBAWM, E. (1990). "Escaped Slaves of the Forest". *New York Review of Books*, 06/12, p. 46-48 [republicado em "Pós-modernismo na Floresta". *Sobre História*. São Paulo: Companhia das Letras, 2005, p. 201-206 – original do livro: 1997; original do artigo: 1990].

JACOB, M. (1994). "Postmodernism and the Crisis of Modernity". *Telling Truth about History*. Nova York: W.W. Norton, p. 198-237.

JAKOBSON, R. (1964). "Language in Operation". *Milanges Alexandre Koyr, II*: L'aventure de l'sprite. Paris: [s.e.].

JAMESON, F. (1985). "Pós-modernidade e sociedade de consumo". *Revista Novos Estudos Cebrap*, n. 12. São Paulo.

JAPIASSU, H. (1976). *A interdisciplinaridade e a patologia do saber*. Rio de Janeiro: Imago.

JASMIN, M.G. & FERES JR., J. (orgs.) (2006). *História dos conceitos*: debates e perspectivas. Rio de Janeiro: PUC-Rio/Loyola.

JAUSS, H.R. (1989). "L'usage de la fiction en histoire". *Le Débat*, n. 54, mar.-abr., p. 81ss. Paris: Gallimard.

JENKINS, K. (2005). *A História repensada*. São Paulo: Contexto.

KOSELLECK, R. (2006a). *Futuro passado* – Contribuição à semântica dos tempos históricos. Rio de Janeiro: Contraponto.

_____ (2006b). "Espaço de experiência e horizonte de expectativas". *Futuro passado* – Contribuição à semântica dos tempos históricos. Rio de Janeiro: Contraponto, p. 311-337 [original: 1979].

KRAMER, L. (1995). "Literatura, crítica e imaginação histórica – O desafio literário de Hayden White e Dominick LaCrapa". In: HUNT, L. (org.). *A Nova História Cultural*. São Paulo: Martins Fontes, p. 131-137.

LaCAPRA, D. (1985). *History and Criticism*. Nova York: Ithaca.

_____ (1983). *Rethinking Intellectual History*: Texts, Contexts, Language. Nova York: Ithaca.

LACOSTE, Y. (1976). *La geographie, ça sert d'abord à faire la guerre*. Paris: Maspero.

LAVOINNE, Y. (1992). "Le Journaliste, l'Histoire et L'historien: les avatars d'une identité professionnelle (1935-1991)". *Reseaux*, 51, p. 39-53.

LE GOFF, J. (org.) (1978). *La Nouvelle Histoire*. Paris: Retz [2. ed., com Prefácio atualizado. Bruxelas: Complexe, 1988 – *A Nova História*. São Paulo: Martins Fontes, 1990].

LEÓN-PORTILLA, M. (1985). *A visão dos vencidos* – A tragédia narrada pelos astecas. Porto Alegre, LPM.

LE ROY LADURIE, E. (1973). *Le territoire de l'historien.* Paris: Gallimard.

LEVI, G. (1992). "Sobre a micro-história". *A Escrita da História.* São Paulo: Unesp, p. 133-161.

LIMA, H.E. (2006). *A micro-história italiana*: escalas, indícios e singularidades. Rio de Janeiro: Civilização Brasileira.

LINHARES, M.Y. & SILVA, F.C.T. (1995). "Região e história agrária". *Estudos Históricos*, vol. 8, n. 15, p. 17-26. Rio de Janeiro.

LIPIETZ, A. (1977). *Le capital et son espace.* Paris: Maspero.

LYOTARD, J.-F. (1998). *A condição pós-moderna.* Rio de Janeiro: José Olympio.

MARCO POLO (1999). *O livro das maravilhas.* Porto Alegre: LPM.

MARTINS, J.S. (1992). *Subúrbio.* São Paulo: Hucitec.

MARTINS, P.H.N. (1987). "Espaço, Estado e região: novos elementos teóricos". *História regional*: uma discussão. Campinas: Unicamp.

MARX, K. (1998). *O Manifesto Comunista.* São Paulo: Boitempo [original: 1847].

_____ (1978). *Miséria da filosofia.* Lisboa: Estampa [original: 1847].

MENESES, U.B. (2003). "Fontes visuais, cultura visual, história visual: balanço provisório da questão". *Revista Brasileira de História*, vol. 23, n. 45, jul., p. 11-36. São Paulo.

MORIN, E. (2007). *Introdução ao pensamento complexo*. São Paulo: Sulina.

MORIN, E. (org.) (2001). *A religação dos saberes*. Rio de Janeiro: Bertrand Brasil.

MULLINGAN JR., W.H. (2001). "Electronic Resources and the Education of History Professionals". *The History Teacher*, vol. 34, n. 4, ago., p. 523-529.

NIETZSCHE, F.W. (2005). "Segunda consideração extemporânea – Sobre as vantagens e desvantagens da História para a vida". *Escritos sobre História*. Rio de Janeiro: Loyola/PUC-Rio [original: 1873].

_____ (1976). *Assim falou Zaratustra*. São Paulo: Círculo do Livro.

NOIRIEL, G. (1996). *Sur la crise de l'Histoire*. Paris: Belin.

O'BRIEN, P. (1995). "A história da cultura, de Michel Foucault". In: HUNT, L. *A Nova História Cultural*. São Paulo: Martins Fontes.

OPPENHEIMER, J.R. (1958). "The tree of knowledge". *Harper's*, 217, p. 55-57.

_____ (1955). *La science et le bon sens*. Paris: Gallimard.

ORTEGA Y GASSET (1970). *La rebellion de las massas*. Madri: Revista de Occidente.

POMBO, O. (1987). *Leibniz and the problem of a Universal Language*. Munster: Nodus.

POMYAN, K. (1984). *L'Ordre du temps*. Paris: Gallimard.

PRICE, R. (1990). *Alabi's World*. Baltimore: John Hopkins University Press.

PROST, A. (2008). *Doze lições sobre a História*. São Paulo: Autêntica.

RAFFESTIN, C. (1993). *Por uma geografia do poder*. São Paulo: Ática.

RANKE, L. (1975). "Die Idee der Universalhistorie, Vorlesugseinleitungen". In: DOTTERWEICH, V. & FUCHS, W.P. (orgs.). *Werk und Nachlass*. Vol. 4. Munique: [s.e.].

REIS, J.C. (1998). "Os *Annales*: a renovação teórico-metodológica e 'utópica' da História pela reconstrução do tempo histórico". In: SAVIANI, D.; LOMBARDI, J.C. & SANFELICE, J.L. (orgs.). *História e História da Educação*: o debate teórico-metodológico atual. Campinas: Autores Associados.

REIS, J.J. (1996). "Identidade e diversidade étnicas nas irmandades negras nos tempos da escravidão". *Tempo*, vol. 2, n. 3, p. 7-33. Rio de Janeiro.

REVEL, J. (1992). "Microanálise e construção social". *Jogos de Escalas*: a experiência da microanálise. Rio de Janeiro: Fundação Getúlio Vargas.

ROMANCINI, R. (s.d.). "História e jornalismo: reflexões sobre campos de pesquisa". *28º Congresso Brasileiro de Ciências da Comunicação*. Rio de Janeiro.

RUSEN, J. (2007). *História viva*. Brasília: UnB.

SÁ, A.F.A. (2008). "Admirável campo novo: o profissional de história e a internet". *Revista Eletrônica Boletim do Tempo*, ano 3, n. 07. Rio de Janeiro.

SAHLINS, M. (1981). *Historical Metaphors and Mythical Realities*. Ann Arbor: University of Michigan Press.

SANTOS, M. (1974). *Por uma geografia nova*. Rio de Janeiro: [s.e.].

SANTOS, M. & SILVEIRA, M.L. (2003). *O Brasil*: território e sociedade no início do século XX. Rio de Janeiro: Record.

SCHRUM, K. (2003). "Surfing for the Past: How to Separate the Good from the Bad". *AHA Perspectives*, mai.

SEIGNOBOS, C. (1923). *El método historico aplicado a las ciencias sociales*. Madri: Daniel Jorro [original: 1901].

SEVCENKO, N. (2001). *A corrida para o século XXI*: no loop da montanha russa. São Paulo: Companhia das Letras.

SOUZA, L.M. (1994). *O diabo e a Terra de Santa Cruz* – Feitiçaria e religiosidade popular no Brasil Colonial. São Paulo: Companhia das Letras.

SPENCE, J. (1985). *The Memory of Palace of Matteo Ricci*. Nova York: The Viking Penguin.

_____ (1981). *The Gate of Heavenly Peace*. Nova York: The Viking Penguin.

_____ (1978). *The Death of Woman Wang*. Nova York: Viking Penguin.

_____ (1974). *Emperor of China*. Nova York: Knopf.

STONE, O. (1979). "The Revival of Narrative: Reflections on a new Old History". *Past and Present*, n. 85, nov., p. 3-24 [em português: "O ressurgimento da narrativa – Reflexões sobre uma Velha História". *Revista de História*, n. 2/3, 1991, p. 13-37. Campinas: Unicamp.

TEZZA, C. (1988). "Discurso poético e discurso romanesco na teoria de Bakhtin" In: FARACO et al. *Uma introdução a Bakhtin*. Curitiba: Hatier.

THIERRY, A. (1820). *Lettres sur le histoire de France*. Paris: Le Courrier Français.

THOMPSON, E.P. (2001). "Folclore, Antropologia e História Social". *As peculiaridades dos ingleses e outros artigos*. Campinas: Unicamp, p. 254-255.

TOYNBEE, A. (1981). *Toynbee por ele mesmo*. Brasília: UnB.

VATTIMO, G. (1987). "Morte ou ocaso da arte". *O fim da Modernidade*. Lisboa: Presença.

VERÓN, E. (1980). *A produção do sentido*. São Paulo: Cultrix.

VEYNE, P. (1982). *Como se escreve a História*. Brasília: UnB.

VOLTAIRE (2006). *Zadig, ou o destino*. São Paulo: Escala.

VOVELLE, M. (1997). *Imagens e imaginário na História:* fantasmas e certezas nas mentalidades desde a Idade Média até o século 20. São Paulo: Ática.

WEBER, M. (2006). *A objetividade do conhecimento nas Ciências Sociais*. São Paulo: Ática, p. 79-127 [original: 1904].

WEISS, J.H. (1996). "Interpreting Cultural Crisis: Social history confronts humanities education". *Journal of Interdisciplinary History*, vol. 26, p. 459-474.

WHITE, H. (2000). "An Old Question Rised Again: Is Historiography Art or Science?" *Rethinking history*, vol. 4, n. 3, p. 391-406.

_____ (1992). *A meta-história* – A imaginação histórica no século XIX. São Paulo: Edusp [original inglês: 1973].

_____ (1978). "O texto histórico como artefato literário". *Tropics of Discourse*. Baltimore: John Hopkins University Press.

_____ (1966). "The Burden of History". *History and Theory*, 5.

ZAGORIN, P. (2001). "Historiografia e Pós-modernismo: reconsiderações". *Topoi*, mar., p. 137-152. Rio de Janeiro.

ÍNDICE

Sumário, 5
Apresentação, 7
1 A expansão da História, 13
   A História é um universo em expansão, 14
   A permanente reconfiguração da História, 16
   O fenômeno da hiperespecialização, 18
   A multiplicação dos paradigmas, 21
   Interdisciplinaridade, 25
   Campos históricos, 26
   Dimensões, abordagens e domínios temáticos, 30
   Contraste entre a História e as ciências duras, 33
   Quadro recente e futuro da Historiografia, 35
2 A Escrita da História a partir de seis aforismos, 39
   "Tudo é História", 44
   "Toda história é contemporânea"; "Toda história é local", 53
   "A História é arte", 55
   "A História é polifônica", 59
   "A História é multimidiática", 71
   Para além do texto escrito: novos corpos para a Escrita da História (o visual, o material e o virtual), 72
   História Virtual, 77
3 Fontes históricas: olhares sobre um caminho percorrido, 83
   Sem problema não há História, 84
   Expansão documental, 88
   Fontes não textuais, 92

O exemplo das fontes intensivas, 94
Lidando com fontes dialógicas, 103
O que a fonte devolve ao historiador, 134
4 Espaço e História, 135
História: estudo do homem no tempo e no espaço, 137
Conceitos interdisciplinares associados ao espaço, 139
História e Geografia: a contribuição de Braudel, 143
A consolidação da História Local, 150
A crítica à noção tradicional de região, 155
Território, 156
O território do historiador, 160
5 O lugar da História Local, 165
6 Acordes teóricos, 189
Referências, 223
Quadros
A expansão documental, 87
Tipos de fontes históricas com relação ao suporte, 93
Sugestão de um roteiro para análise de fontes dialógicas, 116

CULTURAL

Administração
Antropologia
Biografias
Comunicação
Dinâmicas e Jogos
Ecologia e Meio Ambiente
Educação e Pedagogia
Filosofia
História
Letras e Literatura
Obras de referência
Política
Psicologia
Saúde e Nutrição
Serviço Social e Trabalho
Sociologia

CATEQUÉTICO PASTORAL

Catequese
Geral
Crisma
Primeira Eucaristia

Pastoral
Geral
Sacramental
Familiar
Social
Ensino Religioso Escolar

TEOLÓGICO ESPIRITUAL

Biografias
Devocionários
Espiritualidade e Mística
Espiritualidade Mariana
Franciscanismo
Autoconhecimento
Liturgia
Obras de referência
Sagrada Escritura e Livros Apócrifos

Teologia
Bíblica
Histórica
Prática
Sistemática

REVISTAS

Concilium
Estudos Bíblicos
Grande Sinal
REB (Revista Eclesiástica Brasileira)
SEDOC (Serviço de Documentação)

VOZES NOBILIS

Uma linha editorial especial, com importantes autores, alto valor agregado e qualidade superior.

VOZES DE BOLSO

Obras clássicas de Ciências Humanas em formato de bolso.

PRODUTOS SAZONAIS

Folhinha do Sagrado Coração de Jesus
Calendário de Mesa do Sagrado Coração de Jesus
Agenda do Sagrado Coração de Jesus
Almanaque Santo Antônio
Agendinha
Diário Vozes
Meditações para o dia a dia
Guia Litúrgico

CADASTRE-SE
www.vozes.com.br

EDITORA VOZES LTDA.
Rua Frei Luís, 100 – Centro – Cep 25689-900 – Petrópolis, RJ – Tel.: (24) 2233-9000 – Fax: (24) 2231-4676
E-mail: vendas@vozes.com.br

UNIDADES NO BRASIL: Aparecida, SP – Belo Horizonte, MG – Boa Vista, RR – Brasília, DF – Campinas, SP
Campos dos Goytacazes, RJ – Cuiabá, MT – Curitiba, PR – Florianópolis, SC – Fortaleza, CE – Goiânia, GO
Juiz de Fora, MG – Londrina, PR – Manaus, AM – Natal, RN – Petrópolis, RJ – Porto Alegre, RS – Recife, PE
Rio de Janeiro, RJ – Salvador, BA – São Luís, MA – São Paulo, SP
UNIDADE NO EXTERIOR: Lisboa – Portugal